W0039755

SABINE WACKER
SASCHA FASSOTT

SÄURE — BASEN GENUSSKÜCHE

Fotos: Martina Görlach,
Eising Studio

DIE GU-QUALITÄTS-GARANTIE

Wir möchten Ihnen mit den Informationen und Anregungen in diesem Buch das Leben erleichtern und Sie inspirieren, Neues auszuprobieren. Bei jedem unserer Bücher achten wir auf Aktualität und stellen höchste Ansprüche an Inhalt, Optik und Ausstattung. Alle Rezepte und Informationen werden von unseren Autoren gewissenhaft erstellt und von unseren Redakteuren sorgfältig ausgewählt und mehrfach geprüft. Deshalb bieten wir Ihnen eine 100 %ige Qualitätsgarantie.

Darauf können Sie sich verlassen:
Wir legen Wert darauf, dass unsere Kochbücher zuverlässig und inspirierend zugleich sind. Wir garantieren:
• dreifach getestete Rezepte
• sicheres Gelingen durch Schritt-für-Schritt-Anleitungen und viele nützliche Tipps
• eine authentische Rezept-Fotografie

Wir möchten für Sie immer besser werden:
Sollten wir mit diesem Buch Ihre Erwartungen nicht erfüllen, lassen Sie es uns bitte wissen! Wir tauschen Ihr Buch jederzeit gegen ein gleichwertiges zum gleichen oder ähnlichen Thema um. Nehmen Sie einfach Kontakt zu unserem Leserservice auf. Die Kontaktdaten unseres Leserservice finden Sie am Ende dieses Buches.

GRÄFE UND UNZER VERLAG
Der erste Ratgeberverlag – seit 1722.

INHALT

BASENKÜCHE FÜR JEDEN

Sie haben keine Lust mehr darauf, immer müde und schlapp zu sein? Und keine Lust mehr, ständig mit Übergewicht und Diäten zu kämpfen zu haben? Wie wäre es dann damit, Ihre Essgewohnheiten dauerhaft mit viel Fantasie und Genuss hin zu einer basenreichen Vitalküche positiv zu verändern? Unabhängig davon, ob Sie gerade eine Basenfasten-Kur nach Wacker (www.basenfasten.de) hinter sich haben, um dem Säure-Basen-Haushalt ein Reset zu bieten, oder ob Sie einfach nur neugierig sind und erst einmal in die Säure-Basen-Genussküche hineinschnuppern möchten: Ohne Sie mit viel Theorie zu überschütten, eröffnet dieses Buch Ihrem Gesundheits- und Geschmackserleben eine neue Dimension. Zusammen mit meiner »rechten Hand« Melanie Draganis und dem Ausbilderkoch für die Basenfasten-Hotels Sascha Fassott habe ich ein Kochbuch kreiert, das selbst überzeugte Fleischesser auf einen anderen Geschmack bringen wird.

GENUSS MUSS SEIN

Zugegeben, die Rezepte sind nicht in 5 Minuten fertig – dafür sind sie aber auch kein langweiliges Fast Food, sondern ein echter Genuss! Denn gutes Essen heißt Gaumenfreude und Lebensqualität, auch dann, wenn es den Säure-Basen-Haushalt in Balance hält. Dieses Buch macht Lust auf »basisch« und darauf, in der Küche Spaß zu haben, Gesundheit neu zu erfahren, auch mit Freunden. Bereichern Sie Ihre Küche, bereichern Sie Ihr Leben!

Wir wünschen Ihnen viel Freude am basischen Genuss

BASISCH KOCHEN
———— EINE GUTE WAHL

Bloß keine Angst, basisch kochen kann so einfach sein! Mit unseren Rezepten finden Sie die richtige **SÄURE-BASEN-BALANCE** und bekommen ein Gefühl dafür, Säuren optimal zu dosieren. Wenn Sie außerdem säurebildende Getränke reduzieren und sich regelmäßig bewegen, dann steht Ihrem Wohlbefinden nichts mehr im Wege. Um den **STOFFWECHSEL** und das **SÄURE-BASEN-GLEICH-GEWICHT** im Körper stabil zu halten, sind Gerichte mit vollreifem Obst und Gemüse der Saison genau richtig. Natürlich darf auch der **GENUSS** nicht zu kurz kommen – deshalb sind unsere Rezepte nicht nur basisch und gesund, sondern auch lecker!

10 GRÜNDE FÜR EINE ERNÄHRUNG IN SÄURE-BASEN-BALANCE

Dieses Kochbuch bringt Kreativität, Spaß und bunte Vielfalt in Ihre Küche. Ob Sie es als Einsteigerbuch nach einer Basenfasten-Kur nach Wacker, als Ideengeber für Ihre basenreiche Küche oder für besondere Stunden mit Ihren Gästen nutzen wollen: Es bereichert Ihr Leben, Ihre Gesundheit und Ihre Freude an basenreicher Ernährung und bringt Farbe auf den Teller.
Wer schon Basenfasten hinter sich hat, der weiß um die entsäuernde Wirkung von ausschließlich hundertprozentig basischer Kost. Um Ihren Körper weiterhin in seiner Säure-Basen-Balance zu halten, reicht es aus, wenn Sie sich in Zukunft basenreich ernähren und Ihr Hauptaugenmerk auf Basenbildner legen.

1. BASENPOWER FÜR DEN TELLER

Grundlage der basischen Küche ist die Theorie, dass dauerhaft zu viele säurebildende Lebensmittel dem Körper schaden. Da der Stoffwechsel ständig deutlich mehr Säuren als Basen produziert, sind wir auf die Zufuhr von Basen aus der Nahrung angewiesen. Mit Basenpower auf Ihrem Teller versorgen Sie Ihren Körper optimal mit Vitalstoffen aus der Natur, um fit und aktiv zu bleiben. Die Säure-Basen-Genussküche ist daher eine sehr basenüberschüssige Küche. Säurebildend sind vor allem Fleisch, Wurst, Fisch, Alkohol, Kaffee und Käse, Zucker und Getreide. Basisch hingegen sind die meisten Obst- und Gemüsesorten sowie Salat. Daneben enthalten die Basenbildner jedoch auch eine Menge lebenswichtiger Nährstoffe, vor allem Vitamin A, B-Vitamine und Vitamin C sowie Mineralstoffe wie Kalzium, Eisen, Kalium, Kupfer, Magnesium, Mangan und Zink.

Enzyme und bioaktive Stoffe unterstützen zudem unseren Stoffwechsel bei seiner Arbeit. Wir zeigen Ihnen, wie Sie ganz schmackhaft Tag für Tag Ihre Portion Basenbildner auf den Tisch bekommen. Wem das zu wenig ist, der kann die Gerichte mit Vitalverstärkern noch basenreicher gestalten. So sind Sie mit ausreichend Basenpower versorgt und werden sich auf Dauer wieder wohl in Ihrer Haut fühlen. Mit unserer ausgeklügelten Säure-Basen-Skala sehen Sie sofort, wie sauer oder basisch das jeweilige Gericht ist. Dann können Sie selbst jeden Tag Ihre persönliche Basenbilanz ziehen. Und, weil auch gute Säurebildner trotz ihrer Säurewirkung jede Menge gesundheitsfördernde Eigenschaften haben, gibt es bei den meisten Rezepten optional noch ein »saures Extra« obendrauf – wir überlassen Ihnen die Wahl!

2. NIE WIEDER GEWICHTSPROBLEME

Wer ständig mit seinem Gewicht hadert, wird sich in seiner Haut nie wirklich wohlfühlen. Vielleicht gehören Sie zu denen, die schon einmal eine Diät durchgemacht haben und wissen, wie schwierig es sein kann, das erreichte Gewicht dauerhaft zu halten? Das Erfolgsgeheimnis lautet neben ausreichend Bewegung: sich langfristig ausgewogen und abwechslungsreich ernähren. Ziehen Sie Obst und Gemüse vor, Säurebildner wie Fleisch, Fisch, Vollkornprodukte oder Nudeln kommen nur noch als Beilagen auf den Teller. Wenn Sie es schaffen, den Anteil an tierischen Eiweißen und anderen schlechten Säurebildnern zu reduzieren und dafür den Anteil an Obst und Gemüse zu erhöhen, können Sie mit einer basenreichen Ernährung langfristig Ihr Gewicht halten. Auf

Genuss müssen Sie dabei keinesfalls verzichten, denn wir sind der Meinung: Nur wer Freude an gesundem Essen hat, wird auch dauerhaft bereit sein, schlechte Essgewohnheiten abzulegen.

3. FIT FOR WORK

Nach der Mittagspause fühlen Sie sich oft träge und unausgeglichen? Der schnelle Imbiss war mal wieder lediglich ein reiner Magenfüller, aber wirklich geschmeckt hat er eigentlich nicht? Schaffen Sie Abhilfe! Was Sie brauchen, sind basenreiche Rezepte, die Sie für den Rest des Tages stärken und satt machen und die gut schmecken, ohne den Körper zu belasten. Die Basenbildner aus Obst, Gemüse, Keimlingen und Samen, die neben guten Säurebildnern in unserem Kochbuch im Vordergrund stehen, sorgen dafür, dass Sie während der Arbeitszeit fit bleiben und nicht wie sonst nach einem schweren und unausgewogenen Mittagessen in ein Leistungstief fallen. Dazu tragen auch die Zutaten in den Gerichten bei, die Ihrem Stoffwechsel zusätzlich einen ordentlichen Energiekick verleihen. Viele Gerichte können Sie ohne großen Aufwand vorbereiten und am nächsten Tag mit zur Arbeit nehmen (siehe Seiten 14–18) – damit Sie auch nach der Mittagspause wieder mit neuer Basenenergie starten können.

4. NATÜRLICH GENIESSEN

Im Mittelpunkt der basenreichen Küche stehen vor allem frische Nahrungsmittel, die unseren Körper mit gesunden Basen versorgen. Dabei kommen die Rezepte im Buch ganz ohne künstliche Aromen und Geschmacksverstärker aus, denn bei uns zählt nur der Geschmack aus der Natur. Neben den Basiszutaten Gemüse, Obst, Kräutern und Keimlingen kommen bei uns auch sonst nur hochwertige Produkte auf den Teller – denn gesunde Öle, natürliche Süßungsmittel, vitamin- und mineralstoffreiche Körner wie Hirse oder Amarant und aromatische Gewürze stecken sorgfältig verarbeitet voller Nährstoffe.

5. DIE SCHÄTZE DER SAISON

Wissen Sie immer ganz genau, welches Obst und Gemüse gerade Saison hat? Gar nicht so einfach, wenn selbst im Winter Erdbeeren im Supermarkt stehen. Doch die Natur hat nicht ohne Grund für jedes Nahrungsmittel eine bestimmte Saison vorgesehen. Auch unser Körper signalisiert uns genau, worauf er Lust hat. Saisonaler Genuss bedeutet: nach den Jahreszeiten kochen und regionale Produkte vorziehen. So ist Obst und Gemüse frischer, aromatischer und steckt noch voller Vitamine und Mineralstoffe. Außerdem gibt

es nichts Spannenderes, als zu entdecken, was die jeweilige Jahreszeit gerade erntefrisch zu bieten hat. Und es gibt nichts Schöneres, als sich auf das zu freuen, was noch kommt, etwa die ersten Erdbeeren im Sommer. Was in der Natur passiert, wie sich auch unser Körper an die Jahreszeiten anpasst und was er dann braucht, erfahren Sie zu Beginn jedes Rezeptkapitels. Den saisonal besonders wertvollen Basenbildnern haben wir jeweils ein paar extra Seiten gewidmet. Unsere »Saisonhelden« bestechen durch guten Geschmack, feines Aroma und besonders gesunde Nährstoffe. Damit genießen Sie das ganze Jahr über eine bunte Vielfalt an basenreichen Gerichten und wissen genau, welche Basenbildner gerade gefragt sind. In kurzen Steckbriefen erfahren Sie alles über die Basenpower unserer Helden und was sie so besonders macht. Die dazu passenden Rezepte zeigen Ihnen, wie Sie mit den saisonalen Helden basisch gut durchs Jahr kommen.

6. BUNT IST GESUND

Bei Ihnen liegen tagein, tagaus immer nur dieselben Obst- und Gemüsesorten im Einkaufskorb? Wir machen Ihren sonst einfarbigen Küchenalltag bunter! Bedienen Sie sich aus der reichhaltigen Fülle an Obst- und Gemüsesorten und zaubern

Sie daraus leckere abwechslungsreiche Gerichte in allen Farben. Wir liefern Ihnen dazu die passenden Rezepte. Denn je mehr Farben Sie auf dem Teller haben, desto besser: Verschiedenfarbiges Obst und Gemüse versorgt uns mit einer breiten Palette an unterschiedlichen Vitalstoffen. Wer die bunte Vielfalt ausschöpft, stellt damit also sicher, dass er eine ausgewogene Mischung gesundheitsfördernder Stoffe aufnimmt.

7. SCHNELL UND EINFACH

»Keine Zeit« war bisher Ihre Ausrede, um sich nach der Arbeit lieber am Imbiss oder an der Fertigtheke im Supermarkt zu bedienen? Das muss nicht sein. Wenn ein stressiger Alltag mit Beruf und Familie Sie bisher daran gehindert hat, gesund durchzustarten, dann können wir jetzt weiterhelfen. Denn seien wir mal ehrlich: Weder schmeckt Fast Food so richtig, noch tut es uns gut. Deshalb erwarten Sie in diesem Buch Gerichte aus gesunden Basenbildnern, die Sie einfach und schnell in leckere Mahlzeiten verwandeln können. Genau das Richtige also, um alles unter einen Hut zu bringen und sich dennoch eine genussvolle Essenspause zu gönnen. Wenn Sie dann noch Ihren Vorratsschrank mit basischen Zutaten ausstatten, auf die Sie schnell zurückgreifen können, sind Sie bestens gewappnet (siehe Seite 12/13). So bleibt Ihr Basenlevel auch in Zeiten hoch, in denen es drunter und drüber geht.

8. KREATIVE VEGGIEKÜCHE

Haben Sie auch genug von den immer gleichen Veggiegerichten? Oder ausschließlich vegane Gerichte hören sich für Sie meist zu kompliziert und zu exotisch an? Damit ist jetzt Schluss! Denn Gerichte ohne Fleisch oder andere tierische Produkte können mehr sein als nur Pizza, Pasta und Tofu. Die Basenküche steckt voller Überraschungen, denn Beilagen à la Nudeln mit Sauce oder Sojabratlinge sind für uns noch kein vegetarischer Genuss. Unsere kreative Veggieküche sorgt mit knackigem Obst und Gemüse für eine gesunde Säure-Basen-Balance. Köstliche Salate und Gemüse überzeugen genauso wie raffinierte Kreationen mit Kartoffeln – Sie werden sehen, die sind einfach nur »veggielicious«!

9. NEUES ENTDECKEN

Die Küche eignet sich wunderbar als Ort zum Experimentieren. Mit unseren Rezepten können Sie aus Ihrem Küchenalltagstrott aussteigen und sich neue Geschmackserlebnisse gönnen, indem Sie einfach mal anders kochen als sonst, sich von altbekannten Lebensmitteln und Zubereitungsweisen lösen und Unbekanntes ausprobieren. Wir sind sicher: Beim Durchstöbern der Rezepte kommt die Lust aufs Ausprobieren ganz von alleine! Die von uns sorgfältig getesteten Gerichte sorgen dafür, dass Ihr Abstecher in die Welt der Basen für Sie in jeder Jahreszeit zum Genussabenteuer im positiven Sinne wird. Und allein dadurch, dass Sie sich mit neuen Lebensmitteln, neuen Gewürzen sowie Zubereitungsarten auseinandersetzen, wird für Sie gesunde Ernährung immer selbstverständlicher.

10. FÜR GÄSTE DAS BESTE

Dieses Kochbuch wird nicht nur Sie, sondern auch Ihre Gäste begeistern. Denn auch für Besucher müssen Sie die Teller nicht voll Säurebildner packen. Streuen Sie einfach mal ein paar Basen in das Büfett oder gestalten Sie die Vorspeise hundertprozentig basisch. Sie werden sehen: Ihre Gäste werden nichts vermissen! Denn mit unseren einfachen, aber dennoch raffinierten basischen Rezeptideen können Sie richtig Eindruck hinterlassen. Die besondere Zutatenauswahl und Zusammenstellung der Aromen sorgen dafür, dass das gemeinsame Schlemmen mit Familie und Freunden zum Genuss wird und Ihre Säure-Basen-Balance dennoch im Gleichgewicht bleibt. Lassen Sie sich von den wundervollen Kreationen inspirieren und laden Sie ein: zu einem basischen Wildkräutergericht im Frühling, zu einem aromatischen Tomatengericht im Sommer, zu edlen Herbstkompositionen und zu Wintergemüse, das sich schick in Schale geworfen hat. Vorschläge für basenreiche Verwöhnmenüs für Gäste finden Sie auf Seite 184.

BASISCHER — VORRATSSCHRANK

Mit diesen basischen Grundnahrungsmitteln sind Sie das ganze Jahr über bestens ausgestattet, sei es für eine Basenfasten-Kur oder eine spontane säurefreie Mahlzeit. Schon mit wenigen basischen Lebensmitteln lassen sich leckere Gerichte zaubern, wenn Sie einmal keine Zeit zum Einkaufen haben oder überraschend Besuch kommt. Aus dem basischen Vorratsschrank können Sie sich nach Lust und Laune bedienen und neue Kombinationen erfinden. Je nach Rezept, kommen ergänzend dann noch entsprechend Obst und Gemüse der Saison sowie Getreide, Keimlinge und Kräuter dazu. Und das Schöne daran: Sie benötigen keine besonderen Küchengeräte, um Ihre Küche in eine Säure-Basen-Genussküche umzuwandeln.

FRISCHE KRÄUTER

der Saison wie glatte Petersilie, Schnittlauch, Thymian, Oregano, Kerbel, Rosmarin, Basilikum, Minze, Brunnenkresse, Zitronenmelisse

Eine Auswahl an
KALT GEPRESSTEN ÖLEN

wie Olivenöl, Sonnenblumenöl, Rapsöl, Walnussöl, Leinöl, Distelöl, Kokosöl, Hanföl, Kürbiskernöl, Mandelöl, Sesamöl, Traubenkernöl, Weizenkeimöl, Haselnussöl

KRÄUTERTEES

am besten in Bioqualität und aus einheimischen Kräutern. Gut sind die altbewährten Hausteemischungen z. B. mit Blättern von Pfefferminze, Melisse, Lindenblüten, Löwenzahn, Ringelblumen und Brennnessel

Eine Auswahl an
SAMEN

wie Sonnenblumenkerne, Kürbiskerne, Hanfsamen, Leinsamen, Sesamsamen, Ölsaatenmischungen

Eine Auswahl an ungeschwefelten
TROCKENFRÜCHTEN

wie Datteln, Feigen, Aprikosen, Papaya

Eine Auswahl an
NÜSSEN & CO.

wie Aprikosenkerne, frische (bis 3 Monate alte) Walnüsse, Mandeln, Paranüsse, Macadamianüsse, Pistazien, Zedernnüsse

STILLES WASSER,
am besten Quellwasser

SESAMSALZ
(Gomasio), Kräutersalz

OLIVEN,
ungefärbt, ohne Knoblauch

SPROSSENMISCHUNGEN

zum Keimen

GEWÜRZE

wie Kurkuma, Galgant,
Kreuzkümmel, Nelken, Pfeffer-
körner, auch frische
Ingwerwurzel

AGAVEN-DICKSAFT

oder Kokosblütenzucker zum
Süßen

GEMÜSEFOND

aus dem Glas (Fertigprodukt)
ist die Vorratsalternative
zu selbst gekochtem
Gemüsefond

AVOCADOS | ZITRONEN

Eine Auswahl an
GEMÜSE DER SAISON wie
Spargel oder Kürbis

Eine Auswahl
AN GANZJÄHRIGEM GEMÜSE
wie Möhren, Kartoffeln und
Süßkartoffeln, Zwiebeln

Eine Auswahl an
OBST DER SAISON –
immer gut sind Äpfel und
Bananen

Gemahlene **ERDMANDELFLOCKEN** (Chufas Nüssli)

BASENKÜCHE ZUM MITNEHMEN

Wer oft einen stressigen Arbeitstag hat, der weiß, wie schwierig es ist, sich daneben auch noch gesund und ausgewogen zu ernähren. Statt sich eine gesunde Mahlzeit zuzubereiten und sich ausreichend Zeit zum Essen zu nehmen, greift man dann lieber schnell einmal zum süßen Schokoriegel oder holt sich einen fettreichen Imbiss auf die Hand, um ihn eilig zwischen zwei Terminen hinunterzuschlingen. Doch gerade in Zeiten, in denen es im Alltag drunter und drüber geht, kann uns eine basenreiche Ernährung dabei helfen, den ganzen Tag über fit, leistungsfähig und konzentriert zu bleiben. Mit geringer Vorbereitungszeit und nur wenig Arbeitsaufwand können Sie ein basenreiches Essen auch problemlos unterwegs oder im Büro genießen. Auf den nächsten Seiten erfahren Sie, wie einfach das ist, welche Speisen sich gut eignen und worauf Sie beim Transport achten sollten.

DAS A UND O: SCHLAU VORBEREITEN

Mit guter Vorbereitung können Sie selbst dann, wenn es turbulent zugeht, Ihre Basenbalance halten. Denn die ausgewogene Kombination aus gesunden Basenbildnern in unseren Gerichten schafft die beste Grundlage für einen kraftvollen Arbeitstag. Bereiten Sie die Mahlzeit für den nächsten Tag einfach am Vorabend zu. Selbst wenn nur wenig Zeit in der Mittagspause bleibt, können Sie sich dann darauf freuen, wenigstens die kurze Pause intensiv genießen zu dürfen. Welche Gerichte aus dem Buch sich gut vorbereiten lassen und am nächsten Tag trotzdem noch lecker schmecken, verrät Ihnen die Auswahl auf den Seiten 16 und 17. Bei der Zusammenstellung haben wir extra darauf geachtet, dass die Speisen auch kalt schmecken.

GUT UND SICHER VERPACKT

Damit Ihr Essen sicher im Büro ankommt, sollten Sie es in einer gut schließenden Dose oder anderen dafür geeigneten Behältnissen transportieren. Der Handel bietet hier mittlerweile eine breite Palette an Lunchboxen und Gläsern an. In Lunchboxen mit mehreren Etagen können Sie zum Beispiel verschiedene Komponenten getrennt voneinander mitnehmen.

Heikel ist das Transportieren von flüssigen Mahlzeiten. Die Lösung dafür sind Thermosgefäße, die sowohl warme als auch kalte Speisen für einen längeren Zeitraum auslaufsicher frisch halten. So hält zum Beispiel das Thermos-Speisegefäß mit integriertem Löffel Ihr Essen lange warm (erhältlich bei www.basenfasten.de/shop). Eine gute Möglichkeit zum Transportieren von Salatdressing oder Dips sind Gläser mit Schraubverschlüssen (Twist-off-Gläser). Sauber und separat verpackt wartet Ihr Dressing dann im Büro darauf, mit anderen Zutaten frisch vermischt zu werden.

SNACKS FÜR DEN KLEINEN HUNGER

Nehmen Sie sich auch Ihre Getränke und Ihre basenreichen Pausensnacks mit ins Büro, um auch zwischendrin wertvolle Basen und wertvolle Nährstoffe tanken zu können. Diese Auswahl lässt sich gut am Arbeitsplatz verstauen:

- Wer es süß mag: 1 Banane oder 1 Apfel für die Vormittagspause. Wer es herzhaft mag: 1 Paprikaschote, 1 Möhre oder 1 Kohlrabi
- 1 Päckchen Oliven (z. B. aus dem Bioladen)
- Trockenfrüchte (ungeschwefelt) wie Datteln, Feigen, Aprikosen oder Papaya
- Nüsse wie Walnüsse, Mandeln, Paranüsse, Macadamianüsse, Pistazien oder Zedernnüsse
- 1 Glas Mandelmus
- Kräuterteemischungen, am besten in Bioqualität und aus einheimischen Kräutern
- Stilles Wasser, am besten Quellwasser

TAPENADEN, PESTOS UND DIPS

Für schnelle Eigenkreationen eignen sich unsere Tapenaden und Pestos. Diese können Sie prima vorbereiten und vielseitig einsetzen, Tapenaden etwa lassen sich mit einem Schuss Öl oder Wasser zu einem cremigen Salatdressing erweitern. Sie können sie auch als Marinade oder Sauce für Gemüse verwenden, als Dip zu Kartoffeln oder in Soja-Quarkalternative gerührt als Brotbelag. Wer bei der Arbeit eine Kühlmöglichkeit hat, kann die Köstlichkeiten in einem gut schließenden Glas zwei bis drei Tage vorrätig bereithalten. Mit diesen Rezepten sind sie bestens gerüstet:

- Tomatentapenade (siehe Seite 30)
- Petersilienpesto (siehe Seite 54)
- Kräutertapenade (siehe Seite 58)
- Tomatenchutney (siehe Seite 66)
- Oliventapenade (siehe Seite 70)
- Sesampesto (siehe Seite 92)
- Kürbiskernpesto (siehe Seite 112)

UNSERE MITNEHMFAVORITEN

Wir haben für jede Jahreszeit Gerichte kreiert, die Ihnen eine köstliche Abwechslung zu Kantine, Schnellimbiss oder Bäcker bieten. Dabei war es nicht unser Anliegen, Ihnen schnelle 5-Minuten-Rezepte an die Hand zu geben, denn das würde sich unweigerlich in der Qualität und dem Geschmack der Gerichte bemerkbar machen.

Wichtig war uns vielmehr, dass Sie alles in einem überschaubaren zeitlichen Rahmen am Vortag kochen und am nächsten Tag auch ohne Koch- oder Aufwärmmöglichkeit im Büro kalt verzehren können. Mit der nachfolgenden Auswahl an Mitnehm-Favoriten wünschen wir Ihnen eine genussvolle und basenreiche Mittagspause!

BASISCH KOCHEN
——— IN JEDER SAISON

Für jede Jahreszeit haben wir einen Basenbildner zum »Saisonhelden« gekürt. Im Frühling verhelfen Ihnen **WILDKRÄUTER** zu neuer Energie, im Sommer sorgen **TOMATEN** für einen bunten Farbtupfer auf dem Teller und erfrischen uns. Im Herbst leuchten **KÜRBISSE** mit dem bunten Blätterwald um die Wette und im Winter wärmen uns leckere **KOHLGERICHTE** von innen. Diese ausgewogene Abwechslung sorgt dafür, dass unser Körper gesund und fit bleibt. Denn nur saisonal geerntete Lebensmittel sind vollständig ausgereift und aromatisch – sie haben mehr Sonne erhalten! Unsere Helden glänzen mit reichlich Vitalstoffen und bringen jede Menge Genuss in Ihre basenreiche Küche.

BASISCHE — FRÜHLINGSKÜCHE

Nach den kalten Wintermonaten erwacht die Natur wieder aus ihrem Dornröschenschlaf und kündigt mit längeren Tagen und sprießendem Grün an jeder Ecke den Frühling an. Auch unser Stoffwechsel beginnt sich wieder neu zu beleben und damit stellt sich auch bei uns ganz automatisch der Wunsch ein: Jetzt muss etwas getan werden! Zeit also für den berüchtigten Frühjahrsputz, der sich nicht nur auf die eigenen vier Wände beschränkt, sondern auch bei uns im Körper erfolgt. Wir selbst verspüren dann das unbändige Bedürfnis, einmal kräftig von innen aufzuräumen und unliebsamen Ballast loszuwerden. Vielleicht ist es deshalb kein Zufall, dass ausgerechnet die traditionelle Fastenzeit, eingebettet in religiöse Feste, im beginnenden Frühjahr liegt. Denn in keiner anderen Jahreszeit verspüren wir diesen Drang so stark wie jetzt.

FRÜHLINGSERWACHEN

Während um uns herum der Frühling erwacht, sind die Vorgänge in unserem Stoffwechsel vergleichbar mit den Zusammenhängen in der Natur. »Im Frühling steigen die Säfte«, sagt man so schön. In der Natur lässt sich das wunderbar an den Frühjahrsblühern nachvollziehen. Sobald die Sonne wieder mehr Gelegenheit erhält, den Boden zu wärmen, erwachen die Frühjahrsblüher und bohren nach und nach ihre Spitzen durch den noch harten Boden und entfalten als Schneeglöckchen, Narzissen oder Tulpen ihre Farbenpracht. Nach der Blüte beginnen die Blätter zu welken, die Nährstoffe ziehen sich in die Zwiebel zurück und werden dort über den Sommer, Herbst und Winter gespeichert, um zusammen mit Wasser im Frühling wieder nach oben zu steigen und die Blätter und Blüten auszubilden. Ähnlich reagiert auch der menschliche Stoffwechsel auf die verschiedenen Jahreszeiten.

DIE LEBER AKTIVIEREN

Unser wichtigstes Stoffwechselorgan ist die Leber. In der westlichen Naturheilkunde, aber auch in der Traditionellen Chinesischen Medizin steht die Leber im engen Zusammenhang mit dem Wasserhaushalt. Nach dem Winter findet in der Leber eine Aktivierung des Wasserhaushalts statt, um den Körper für die heiße Jahreszeit vorzubereiten. Daher ist der Frühling die Zeit, in der die Leber die meiste Arbeit leistet. Die Leber reguliert unter anderem den Eiweiß-, Fett- und Zuckerstoffwechsel und den Mineral-, Vitamin- und Hormonhaushalt. Außerdem neutralisiert sie Giftstoffe wie Medikamentenrückstände oder Alkohol, die durch Nahrungsaufnahme in unseren Körper gelangen. Auch wenn chemische Stoffe wie Farben oder Reinigungsmittel über Haut, Nase oder Mund in den Körper gelangen, versucht die Leber

diese Stoffe in unschädliche Endprodukte umzubauen. Diese sogenannte Metabolisierung tritt im Frühling am stärksten auf, aber auch immer dann, wenn wir über unsere Verhältnisse gelebt haben. Aufgrund ihrer Entgiftungsfähigkeit hält die Leber eine Menge aus und reagiert selbst in geschädigtem Zustand nicht mit Schmerz. Störungen äußern sich vielmehr durch Juckreiz, Müdigkeit oder Schlafstörungen. Die oft beklagte Frühjahrsmüdigkeit ist von daher eine Erscheinung, die mit den Stoffwechselvorgängen der Leber in Verbindung steht. Spätestens, wenn solche Symptome ohne andere erkennbare Ursache auftreten, ist es Zeit, auf die Ernährung zu achten. Durch den Verzicht auf tierisches Eiweiß und die Bevorzugung hochwertiger pflanzlicher Fette können Sie die Leber bei ihren Aufgaben unterstützen.

ZARTE FRÜHLINGSBOTEN

Aromatische Wildkräuter eröffnen das saisonale Angebot des Frühlings. Im Laufe des Aprils wächst dann die Vielfalt an Obst und Gemüse und das Angebot auf den Wochenmärkten wird um Spargel, Rhabarber und Erdbeeren bereichert. Nun können wir uns endgültig von der kalten Jahreszeit verabschieden und den Frühling genießen. Ab Mai liegen dann Pflücksalat, Kopfsalat, Burgundersalat, Lollo Rosso und Portulak aus heimischem Anbau für uns in den Gemüseregalen und lassen erahnen, was die nächste Jahreszeit noch so mit sich bringt.

WOCHENMARKT — TIPP

Gemüse: Bleichsellerie, Brunnenkresse, Champignons, Chicorée, Chinakohl, grüne Bohnen (ab Mitte Mai), Eistropfensalat, Kartoffeln, Kohlrabi, Meerrettich, Möhren, Morcheln, Orchideensalat, Radieschen, Rhabarber (ab April), Pflücksalat, Rettich, Rote Bete, Rucola, Seitlinge, Sellerie, Shiitake (Pilze), Spinat, Steckrüben, Stielmus (ab Mitte Mai), Weißkohl, Wirsing Zwiebeln.

Obst: Ananas, Äpfel, Avocados, Bananen, Zitrusfrüchte

SAISON

HELD

ZEIT FÜR WILDKRÄUTER

 **GIERSCH** ist erkennbar an der dreieckigen Form seines Blattstängels. Seine Inhaltsstoffe wirken entzündungshemmend, harnsäurelösend und harntreibend. Der Geschmack ist intensiv salzig, erinnert an Möhren und Petersilie. Junge Blätter schmecken gut als Salat, ältere Blätter kann man wie Spinat blanchieren.

 **LÖWENZAHN** ähnelt mit seinen zart gezackten Blättern dem Rucola. Die Pflanze wirkt besonders harn- und galletreibend. Außerdem ist sie verdauungsfördernd, lymphentlastend, blutreinigend sowie stoffwechselanregend. Löwenzahn passt gut in Salate und lässt sich prima mit anderen Wildkräutern kombinieren.

 **SPITZWEGERICH** ist an seinen rosettenförmig angeordneten Blättern erkennbar. Aufgrund seiner entgiftenden und antibakteriellen Eigenschaften ist er gut für Leber und Blut und hilft bei entzündlichen Erkrankungen der Atemwege. Sein waldig-frischer Geschmack mit einem Hauch von Champignonaroma macht ihn insbesondere für Salate interessant.

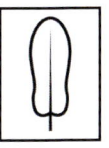 **SAUERAMPFER** hat fleischige Blätter, deren Adern an ein Fischgrätenmuster erinnern. Seine Inhaltsstoffe wirken blutreinigend und wassertreibend. Daneben macht er mit seinen verdauungsfördernden Bitter- und Gerbstoffen deftige Speisen bekömmlicher. Sein saurer Geschmack harmoniert in Salaten, Saucen, Suppen und als Gemüsebeilage.

15. Jh.

Mit Erfindung des Buchdrucks wurde das Wissen um die Kräuterkunde für die Allgemeinheit zugänglich und verbreitete sich.

SPÄTESTENS IM 19. JAHRHUNDERT änderte sich die Bedeutung der Kräuter, als in Europa die Schulmedizin mit Penicillin und Co. Einzug hielt und das überlieferte Kräuterwissen mehr und mehr in Vergessenheit geriet.

50 g

Giersch, 50 g Löwenzahn, etwas Salz, 125 ml Olivenöl und 50 g Erdmandelmus ergeben püriert ein wildes Pesto.

WILDKRÄUTER SAMMELN

Wenn Sie auf dem Land wohnen, müssen Sie nicht weit gehen, um auf Wildkräuter zu stoßen. Auf biologisch bewirtschafteten Feldern, auf Obstbaumwiesen oder in verwilderten Gärten findet sich meist eine Vielzahl an Wildkräuterschätzen. Doch auch Städter können mit einem geschulten Blick in Parks fernab vom Straßenverkehr fündig werden. Wichtig ist stets: Nur pflücken, was Sie wirklich kennen! Wer auf Nummer sicher gehen will, zieht Wildkräuter auf dem Fensterbrett oder Balkon in Blumenkästen.

WILDKRÄUTERSALAT

Viel Vitamin C fürs Immunsystem

FÜR DAS DRESSING:

3 Bio-Zitronen

3 Bio-Orangen

4 EL Agavendicksaft

6 große Holunderblütendolden
(mit viel Blütenstaub)

50 ml Traubenkernöl

Meersalz aus der Mühle

bunter Pfeffer aus der Mühle

FÜR DIE SALATMISCHUNG:

80 g Wilder Rucola (ersatzweise
Salatrucola)

80 g Sauerampfer

80 g junge Löwenzahnblätter

80 g Kerbel

80 g junge Spitzwegerichblätter

20 Stiefmütterchenblüten (essbare
Bioware, siehe Balance-Tipp)

MITTAGS

4 PERSONEN

30 MIN. + 8 STD. ZIEHEN

PRO PORTION

ca. 245 kcal,

3 g E, 13 g F, 26 g KH

Für das Dressing 1 Zitrone und 1 Orange waschen und trocken reiben, die Schale fein abreiben. Alle Zitronen und Orangen halbieren und den Saft auspressen. Den Saft mit der abgeriebenen Schale und dem Agavendicksaft in einer Schüssel verrühren. Die Holunderblütendolden ausschütteln und auf Insekten überprüfen, schadhafte Blütenteile entfernen. Die Dolden in der Saftmischung ca. 8 Std. ziehen lassen.

Holunderblüten durch ein Sieb abgießen, dabei die Saftmischung auffangen. Saftmischung mit Agavendicksaft und Traubenkernöl zu einem homogenen Dressing verrühren. Das Dressing mit Salz und Pfeffer abschmecken.

Für die Salatmischung Rucola, Sauerampfer, Löwenzahn, Kerbel und Spitzwegerich verlesen und waschen, grobe Stiele entfernen. Die Kräuter trocken schleudern und in mundgerechte Stücke schneiden oder zupfen. Die Stiefmütterchenblüten auf Insekten überprüfen, eventuell vorsichtig in kaltem Wasser schwenken und trocken schütteln. Die Kräuter auf Teller verteilen, mit dem Dressing beträufeln und mit den Stiefmütterchenblüten garnieren.

BALANCE — TIPP

Blüten aus dem konventionellen Blumenhandel sind in der Regel gespritzt und nicht essbar. Wer nicht die Möglichkeit hat, selbst Blüten zu ziehen, kann im Frühjahr in Bioläden oder auf Wochenmärkten danach Ausschau halten.
Als **Vitalverstärker** 30 g geröstete Sonnenblumenkerne oder 50 g Rote-Bete-Sprossen auf den Salat streuen. Die Sprossen dafür abbrausen und abtropfen lassen.
Als **saures Extra** pro Person 60 g Ziegenfrischkäse in Scheiben oder zerbröckelt auf den Salat geben.

KOPFSALATCOCKTAIL

Hingucker fürs Partybüfett

1 großer Kopfsalat

1 Salatgurke

4 Limetten

1 Bund Borretsch (möglichst
   mit Blüten)

1 Bund Minze

1 Bund Zitronenmelisse

4 EL Agavendicksaft

50 ml Avocadoöl (ersatzweise Rapsöl)

Meersalz aus der Mühle

bunter Pfeffer aus der Mühle

AUSSERDEM:

4 Cocktail- oder kleine Einmachgläser

4 Scheiben Bio-Limette

MITTAGS
4 PERSONEN
25 MIN.
PRO PORTION
ca. 165 kcal,
1 g E, 13 g F, 11 g KH

Vom Kopfsalat die äußeren Blätter entfernen und den harten Strunk herausschneiden, den Salat in die einzelnen Blätter teilen. Die Blätter waschen, trocken schleudern und in feine Streifen schneiden.

Die Gurke waschen und mit einem Sparschäler der Länge nach so schälen, dass jeweils etwa 1 cm breite Schalenstreifen dazwischen stehen bleiben (um den Schalenanteil aus geschmacklichen Gründen zu reduzieren). Die Gurke mit der Gemüsereibe grob raspeln.

Die Limetten halbieren und den Saft auspressen. Vom Borretsch, falls vorhanden, die Blüten abzupfen und für die Garnitur beiseitelegen. Borretsch, Minze sowie Melisse waschen und trocken schleudern. Die Blätter von den Stielen zupfen. Einige Kräuterblätter für die Garnitur beiseitelegen, die übrigen Kräuterblätter in feine Streifen schneiden und mit den Gurkenraspeln mischen. Limettensaft, Agavendicksaft sowie Avocadoöl hinzufügen und alles gut zu einem Dressing verrühren. Das Dressing mit Salz und Pfeffer abschmecken.

Die Salatstreifen vorsichtig mit dem Dressing vermischen. Den Salat in Cocktail- oder Einmachgläser füllen. Jeweils mit 1 Limettenscheibe und den beiseitegelegten Borretschblüten, Minze- und Melisseblättern garnieren.

BALANCE — TIPP

Als **Vitalverstärker** passen 40 g gehackte Paranusskerne oder 40 g getrocknete Tomaten auf den Cocktail.
Für ein **saures Extra** pro Person 20 g Ricotta salata mit Chili (getrockneter, gesalzener Ricotta mit Chili; aus dem italienischen Feinkosthandel) über den Salat reiben oder hobeln.

SAUERAMPFERSUPPE

Reich an sekundären Pflanzenstoffen

4 große vorwiegend festkochende
   Kartoffeln (ca. 800 g)

2 rote Zwiebeln

2 Schalotten

80 ml Rapsöl

Meersalz aus der Mühle

bunter Pfeffer aus der Mühle

frisch geriebene Muskatnuss

400 ml Gemüsefond

300 g Sauerampfer

200 ml Mandeldrink (ungesüßt)

3 EL Agavendicksaft

16 Gänseblümchenblüten

MITTAGS / ABENDS
4 PERSONEN
50 MIN.
PRO PORTION
ca. 355 kcal,
7 g E, 21 g F, 34 g KH

Kartoffeln schälen und waschen, Zwiebeln und Schalotten schälen. Für die Suppeneinlage 2 Kartoffeln in feine Würfel, die Zwiebeln in feine Streifen schneiden. 2 EL Rapsöl in einer Pfanne erhitzen und die Kartoffelwürfel mit den Zwiebelstreifen darin bei mittlerer Hitze unter gelegentlichem Wenden ca. 10 Min. anbraten, bis die Kartoffeln gar sind. Mit Salz, Pfeffer sowie Muskat abschmecken und beiseitestellen.

Schon während des Bratens der Suppeneinlage die übrigen Kartoffeln in grobe Stücke, die Schalotten in feine Würfel schneiden. Restliches Rapsöl in einem Topf erhitzen und die Kartoffelstücke mit den Schalottenwürfeln darin bei mittlerer Hitze anbraten, bis sie Farbe annehmen. Gemüsefond dazugießen, die Kartoffeln zugedeckt in ca. 10 Min. weich garen.

Inzwischen den Sauerampfer verlesen und gründlich waschen, die Stiele entfernen. Einige Blättchen für die Garnitur beiseitelegen. Restliche Blätter grob schneiden und mit dem Mandeldrink zu den gegarten Kartoffeln in den Topf geben. Alles mit dem Stabmixer fein pürieren, zum Schluss den Agavendicksaft untermixen. Die Suppe mit Salz, Pfeffer und Muskat abschmecken und nochmals aufkochen lassen.

Die Gänseblümchen auf Insekten überprüfen, eventuell vorsichtig in kaltem Wasser schwenken und trocken schütteln. Die Suppe auf Teller verteilen. Kartoffelmischung hineingeben und mit Gänseblümchen sowie Sauerampfer garnieren. Sofort servieren – der Sauerampfer verliert schnell an Farbe.

BALANCE — TIPP

Zum Servieren als **Vitalverstärker** 1 Schale Zwiebelsprossen (50 g) abbrausen, abtropfen lassen und auf die Suppe geben. Wenn ein **saures Extra** sein darf, können Sie 1 EL Crème fraîche pro Person unter die Suppe rühren.

WILDKRÄUTER

SEITLINGE AUF GIERSCH

Gut für die Eisenversorgung

B   S

FÜR DIE TOMATENTAPENADE:

50 g süße Aprikosenkerne
   (aus dem Bioladen)
50 g getrocknete Tomaten
1 Schalotte
1 Zweig Rosmarin
1 Zweig Salbei
1 Zweig Thymian
80 ml Olivenöl
Meersalz aus der Mühle
bunter Pfeffer aus der Mühle

FÜR DAS GEMÜSE:

400 g Gierschblätter (ohne Stängel)
800 g Kräuterseitlinge
2 Schalotten
100 ml Olivenöl
Meersalz aus der Mühle
bunter Pfeffer aus der Mühle

MITTAGS
4 PERSONEN
35 MIN.
PRO PORTION
ca. 535 kcal,
12 g E, 46 g F, 9 g KH

Für die Tapenade die Aprikosenkerne in einer Pfanne ohne Fett unter Wenden anrösten, bis sie aromatisch duften. Die Pfanne beiseitestellen. Tomaten in feine Würfel schneiden. Schalotte schälen und ebenfalls fein würfeln. Rosmarin, Salbei und Thymian waschen und trocken schütteln, die Nadeln bzw. Blätter abzupfen und fein hacken. 20 Aprikosenkerne für die Garnitur beiseitestellen. Die restlichen Kerne fein hacken und mit Tomaten, Schalotte, gehackten Kräutern und dem Olivenöl in einer Pfanne bei mittlerer Hitze heiß werden lassen. Sofort von der Herdplatte nehmen und auskühlen lassen. Mit Salz und Pfeffer abschmecken.

Für das Gemüse Giersch waschen, verlesen, trocken tupfen und bis auf einige Blätter für die Deko grob schneiden. Seitlinge putzen und längs in 1 cm dicke Scheiben schneiden. Schalotten schälen und fein würfeln. 2 EL Olivenöl in einem Topf erhitzen und Schalotten darin glasig andünsten. Geschnittenen Giersch dazugeben und unter Rühren zusammenfallen lassen, mit Salz und Pfeffer abschmecken. Restliches Olivenöl in einer Pfanne erhitzen, die Pilze darin bei mittlerer Hitze rundum goldbraun braten. Leicht mit Salz würzen. Den Giersch mit den Pilzen auf Tellern anrichten. Mit Tapenade beträufeln und mit Aprikosenkernen und Giersch garnieren.

BALANCE — TIPP

Giersch wächst unter Büschen und Bäumen, oft auch in Hausgärten. Auch gut sortierte Gemüsehändler, z. B. auf Märkten, haben das Wildkraut mittlerweile im Angebot.
Als **Vitalverstärker** passen gut 40 g Kichererbsensprossen zu den gebratenen Pilzen. Die Sprossen 10–15 Min. blanchieren.
Als **saures Extra** mit »Salzkick« eignen sich 10 g gehobelter Parmesan (Grana Padano) pro Person.

BLAUER KARTOFFELSALAT

Für Gäste

B ————————— S

800 g blau-violette Ur-Kartoffeln
   (z. B. Trüffelkartoffeln, Vitelotte)
Meersalz aus der Mühle
2 rote Zwiebeln
100 ml Rapsöl
1 Salatgurke
3 Zitronen
1 Packung Kräutermischung für
   Frankfurter Grüne Sauce (ca. 200 g;
   Borretsch, Kerbel, Kresse, Petersilie, Pimpernelle, Sauerampfer und
   Schnittlauch)
3 EL Agavendicksaft
3 EL Basic Textur (pflanzlicher Tex-
   turgeber aus Zitrusfasern; aus dem
   Internethandel)
bunter Pfeffer aus der Mühle

MITTAGS / ABENDS
4 PERSONEN
30 MIN. + 25 MIN. GAREN
PRO PORTION
ca. 475 kcal,
12 g E, 31 g F, 37 g KH

Die Kartoffeln gründlich waschen, in einem Topf mit Salz-wasser bedecken, zum Kochen bringen und zugedeckt in ca. 25 Min. weich garen. Das Wasser abgießen und die Kartoffeln lauwarm abkühlen lassen. Dann die Kartoffeln pellen und in dünne Scheiben schneiden oder hobeln.

Die Zwiebeln schälen und fein würfeln. Die Hälfte des Raps-öls in einer Pfanne erhitzen und die Zwiebelwürfel darin goldgelb anbraten. Zu den Kartoffelscheiben geben.

Die Gurke schälen und in grobe Würfel schneiden. Die Zitro-nen halbieren und den Saft auspressen. Die Kräuter waschen und trocken tupfen, die Stiele entfernen. Nach Belieben einige Kräuterblätter für die Garnitur beiseitelegen. Restliche Kräuter mit Gurke, restlichem Öl, Zitronensaft, Agavendick-saft und Basic Textur im Mixer zu einer glatten Sauce pürie-ren. Die Sauce mit Salz und Pfeffer abschmecken.

Die Kartoffeln mit der Sauce auf Tellern anrichten. Eventuell nochmals mit Salz und Pfeffer würzen und nach Belieben mit einigen Kräuterblättern garnieren.

BALANCE —— TIPP

Als **Vitalverstärker** noch die Blätter von 1 Kästchen Garten-kresse oder 30 g Kürbiskerne zum Salat geben.
Für pflanzliches Eiweiß und als **saures Extra** (ohne zu viel Säure) 60 g Räuchertofu pro Person in 1 cm dicke Scheiben schneiden und in einer beschichteten Pfanne kurz von beiden Seiten anbraten, bis er leicht Farbe bekommt.

FRÜHSTÜCK IM FRÜHLING

Während uns der Winter träge gemacht hat und wir zu schwerem und energiereichem Essen gegriffen haben, steigt nun wieder das Verlangen nach frischem Grün. Gerade jetzt brauchen wir viele Vitalstoffe, um die Frühjahrsmüdigkeit zu vertreiben. Deshalb eignen sich vor allem grüne Smoothies, am besten mit Wildkräutern, für einen perfekten Start in den Tag.

HOCHKONZENTRIERTE NÄHR- UND VITALSTOFFE

Da die Nährstoffe in den grünen Blättern in wesentlich höherer Konzentration enthalten sind als im eigentlichen Gemüse, sind sie besonders reich an Vitaminen, essenziellen Aminosäuren, Spurenelementen, Mineralien und Antioxidantien. Chlorophyll verleiht dem Blattgemüse nicht nur seine grüne Farbe, sondern hat auch einen positiven Effekt auf unsere Gesundheit. Neben der basischen Wirkung in unserem Körper sorgen entzündungshemmende Substanzen in Wildkräutern für eine bessere Wundheilung.

WILDKRÄUTER-MÜSLI

B   S

2 EL geschälte Mandeln | 1 EL Paranusskerne | 2 Äpfel | 2 Bananen | 4 Löwenzahnblätter | 4 Sauerampferblätter | Saft von ½ Orange | 1 EL Kokosmus | 2 TL Kokosraspel | 1 TL getrocknete Brennnesselsamen (aus dem Internethandel) | Gänseblümchenblüten und Löwenzahnblätter (zum Garnieren)

2 PERSONEN | 15 MIN. + 12 STD. EINWEICHEN
Pro Portion ca. 405 kcal, 7 g E, 24 g F, 39 g KH

Mandeln und Nüsse in kaltem Wasser ca. 12 Std. einweichen. Äpfel waschen, entkernen, klein schneiden. Bananen schälen, mit der Gabel fein oder grob zerdrücken. Löwenzahn und Sauerampfer waschen, trocken schütteln. Mandeln und Nüsse im Sieb abbrausen, mit Sauerampfer und Löwenzahn im Mixer mittelgrob pürieren. Mit Äpfeln, Banane, Orangensaft, Kokosmus und -raspeln mischen. In Schälchen verteilen. Brennnesselsamen, Gänseblümchen und Löwenzahn aufstreuen.

WILDKRÄUTER-APFEL-SMOOTHIE

B   S

½ Handvoll Spitzwegerichblätter |
½ Handvoll Löwenzahnblätter | 1 Avo-
cado | 2 Äpfel | 1 Orange | 1 EL ge-
trocknete Brennnesselsamen (aus dem
Internethandel) | Gänseblümchenblüten
(nach Belieben)

2 PERSONEN | 10 MIN.
Pro Portion ca. 340 kcal,
5 g E, 27 g F, 17 g KH

Spitzwegerich und Löwenzahn verlesen
und waschen. Die Avocado halbieren
und entkernen, das Fruchtfleisch mit
einem Löffel aus der Schale lösen. Die
Äpfel waschen, vierteln und entkernen.
Orange halbieren und Saft auspressen.

Vorbereitete Zutaten, Brennnesselsamen
und 200 ml kaltes Wasser im Mixer fein
pürieren. In Gläser füllen, nach Belieben
mit Gänseblümchen dekorieren.

BALANCE — TIPP
Getrocknete Brennnesselsamen können Sie über den
Internethandel beziehen. Die Samen schmecken auch
gut auf Müslis, Salaten und Suppen.

RHABARBER-SMOOTHIE

B   S

1 Stange Rhabarber | 1 Banane |
½ Handvoll Baby-Blattspinat | 3 Stängel
Waldmeister (z. B. aus dem Gemü-
sehandel) | 5 geröstete Erdmandeln
(aus dem Bioladen oder Reformhaus) |
Erdmandelflocken und Waldmeister
zum Dekorieren (nach Belieben)

1 PERSON | 10 MIN.
Pro Portion ca. 125 kcal,
3 g E, 0 g F, 26 g KH

Den Rhabarber putzen, waschen und
in grobe Stücke schneiden. Die Banane
schälen und in grobe Stücke schneiden. Den Spinat und den Waldmeister
waschen und abtropfen lassen, grobe
Stiele entfernen.

Alle vorbereiteten Zutaten mit den Erd-
mandeln und 200 ml kaltem Wasser im
Mixer fein pürieren.

Den Smoothie in ein Glas füllen und
nach Belieben mit Erdmandelflocken
und Waldmeister dekoriert servieren.

ROHER SPARGELSALAT

Schneller Frühlingssalat

B   S

800 g weißer Spargel

100 g Erbsensprossen (Affila-Kresse;
   ersatzweise Gartenkresse)

8 Radieschen

2 Schalotten

1 Bund Kerbel

2 Zitronen

100 ml Traubenkernöl

2 TL Agavendicksaft

Meersalz aus der Mühle

schwarzer Pfeffer aus der Mühle

MITTAGS

4 PERSONEN

30 MIN.

PRO PORTION

ca. 285 kcal,

4 g E, 26 g F, 8 g KH

Spargel waschen und schälen, die Enden abschneiden. Stangen längs mit einem Sparschäler in dünnen Streifen abziehen. Die Sprossen in einem Sieb abbrausen und abtropfen lassen. Radieschen waschen, putzen und in feine Scheiben hobeln.

Schalotten schälen und fein würfeln. Kerbel waschen und trocken schütteln, Blätter abzupfen. Einige Blätter für die Deko beiseitelegen, restliche Blätter fein schneiden. Zitronen halbieren und Saft auspressen. Zitronensaft mit Öl, Agavendicksaft und Kerbel verrühren. Vinaigrette mit Salz und Pfeffer würzen, Schalotten unterrühren.

Spargelstreifen auf Pastateller häufeln und Radieschenscheiben darauf anrichten. Mit der Vinaigrette beträufeln und mit den Sprossen sowie beiseitegelegtem Kerbel dekorieren.

BALANCE — TIPP

Als **Vitalverstärker** insgesamt 30 g in der Pfanne goldgelb geröstete Mandelblättchen über den Salat streuen.
Wer nicht gerade basenfastet, kann als **saures Extra** pro Person 40 g Ziegenfrischkäse über den Salat bröckeln.

WILDREISSALAT MIT RUCOLA

Super zum Vorbereiten fürs Büro

B ▬▬ S

250 g Wildreis | 1 l Gemüsefond
2 Bund Radieschen | 4 Bund Rucola
2 rote Zwiebeln
3 Zitronen | 50 ml Walnussöl
4 EL Agavendicksaft
Meersalz aus der Mühle
schwarzer Pfeffer aus der Mühle

MITTAGS
4 PERSONEN
20 MIN. + 12 STD. EINWEICHEN
+ 1 STD. 15 MIN. GAREN
PRO PORTION
ca. 410 kcal,
11 g E, 14 g F, 60 g KH

Reis in einem Sieb gründlich waschen, in einer Schüssel mit frischem kaltem Wasser bedecken und zugedeckt 12 Std. einweichen. In ein Sieb abgießen und abbrausen. Mit dem Gemüsefond in einem Topf zum Kochen bringen und zugedeckt bei schwacher Hitze 45 Min. köcheln lassen, bis die Reiskörner aufplatzen. Topf vom Herd nehmen und den Reis darin 30 Min. ausquellen lassen. Die Flüssigkeit abgießen und den Reis auskühlen lassen.

Radieschen waschen, putzen und in feine Stifte hobeln. Rucola verlesen, von groben Stielen befreien, waschen, trocken schleudern und in mundgerechte Stücke schneiden. Zwiebeln schälen und in feine Würfel schneiden. Reis, Radieschen, Rucola und Zwiebeln vorsichtig in einer Schüssel vermischen.

Zitronen halbieren, Saft auspressen und mit Walnussöl sowie Agavendicksaft verrühren. Das Dressing mit Salz und Pfeffer abschmecken und unter den Wildreissalat mischen.

GELBER LÖWENZAHNSALAT

B   S

Omega-3-Fettsäuren aus Nüssen und Samen

FÜR DAS DRESSING:

20 g Chia-Samen

3 Zitronen

50 ml Walnussöl

5 EL Agavendicksaft

1 Msp. gemahlener Kümmel

Meersalz aus der Mühle

schwarzer Pfeffer aus der Mühle

FÜR DIE SALATMISCHUNG:

4 Stauden gelber Löwenzahn

4 Rote Beten (vorgegart und
   vakuumiert)

1 Bund Schnittlauch

1 weiße Zwiebel

1 Schale Zwiebelsprossen (50 g)

80 g Walnusskerne

MITTAGS

4 PERSONEN

40 MIN.

PRO PORTION

ca. 385 kcal,

9 g E, 28 g F, 23 g KH

Für das Dressing die Chia-Samen in einer Schüssel mit Wasser bedeckt 30 Min. quellen lassen. Inzwischen die Zitronen halbieren und den Saft auspressen.

Ebenfalls in der Zwischenzeit für die Salatmischung vom Löwenzahn den harten Strunk abschneiden. Den Löwenzahn in einzelne Blätter teilen, diese gründlich waschen und in ca. 5 cm lange Stücke schneiden. Die Roten Beten mit der Gemüsereibe in feine Streifen raspeln. Den Schnittlauch waschen, trocken schütteln und in feine Röllchen schneiden. Die Zwiebel schälen und in feine Streifen schneiden. Die Zwiebelsprossen in einem Sieb abbrausen und gut abtropfen lassen. Die Walnusskerne in grobe Stücke brechen.

Für das Dressing die Chia-Samen mit Zitronensaft, Walnussöl, Agavendicksaft und Kümmel gut verrühren. Mit Salz und Pfeffer abschmecken. Die Rote-Bete-Streifen mit dem Dressing marinieren.

Den Löwenzahn auf Tellern oder in Salatschalen anrichten und die marinierten Roten Beten gleichmäßig darauflegen. Schnittlauch, Zwiebelstreifen, Zwiebelsprossen und Walnusskerne darüber verteilen.

BALANCE — TIPP

Goji-Beeren sind der optimale **Vitalverstärker** auf dem Salat – verteilen Sie insgesamt 40 g darauf.

Als **saures Extra** eignen sich pro Person 60 g Ziegenfrischkäse oder 1 dünne Scheibe gereifte Ziegenkäserolle (diese nach Belieben kurz im Backofen erwärmen).

SPINATSALAT MIT APFEL

Fruchtig-herbe Vitalkost

FÜR DIE SALATMISCHUNG:

400 g Baby-Blattspinat

1 Stange Lauch

1 rote Zwiebel

1 Bund Koriandergrün

2 große, feste säuerliche Äpfel

10 g gerösteter Sesam

FÜR DAS DRESSING:

3 Zitronen

2 EL Sesamöl

5 EL Agavendicksaft

Meersalz aus der Mühle

schwarzer Pfeffer aus der Mühle

MITTAGS

4 PERSONEN

30 MIN.

PRO PORTION

ca. 160 kcal,

4 g E, 7 g F, 17 g KH

Den Spinat verlesen, waschen und trocken schütteln, bei Bedarf grobe Stiele entfernen. Den Lauch putzen, gründlich waschen und in hauchfeine Ringe schneiden. Die Zwiebel schälen und in feine Streifen schneiden. Den Koriander waschen und trocken schütteln, grobe Stiele entfernen. Einige Korianderblätter für die Garnitur beiseitelegen, den restlichen Koriander grob schneiden und mit Lauchringen, der Hälfte der Zwiebelstreifen und dem Spinat vermischen.

Für das Dressing die Zitronen halbieren und den Saft auspressen. Den Zitronensaft mit Sesamöl und Agavendicksaft gut verrühren. Das Dressing mit Salz und Pfeffer abschmecken und vorsichtig mit der Salatmischung vermengen.

Die Äpfel waschen und das Fruchtfleisch bis auf das Kerngehäuse mit der Gemüsereibe grob raspeln. Den Salat auf Teller verteilen und die Apfelraspel als Häufchen daraufgeben. Mit den beiseitegelegten Korianderblättern, den restlichen Zwiebelstreifen und geröstetem Sesam garnieren.

BALANCE — TIPP

Mit 40 g Rosinen als **Vitalverstärker** on top schmeckt der Salat fast noch besser, vor allem wenn Sie die Kombination von süß und herzhaft lieben!

Für ein **saures Extra** mit zusätzlicher Eiweiß- und Salzkomponente reiben Sie 30 g Gouda pro Person über den Salat.

MARINIERTE ROTE BETE

Kalt gut als Bürosnack

400 g Rote Bete (vorgegart und
   vakuumiert)

3 rote Zwiebeln

1 kleines Bund Frühlingszwiebeln

1 Zitrone

gemahlener Kümmel

frisch geriebene Muskatnuss

Meersalz aus der Mühle

schwarzer Pfeffer aus der Mühle

4 EL Leinöl

3–4 EL Rapsöl

1 Zweig Thymian

4 EL Agavendicksaft

200 g festkochende Kartoffeln

1 Kästchen Gartenkresse

MITTAGS / ABENDS
4 PERSONEN
35 MIN. + 1 STD. ZIEHEN
PRO PORTION
ca. 320 kcal,
4 g E, 20 g F, 29 g KH

Die Rote Bete in 1 cm große Würfel schneiden. Die Zwiebeln schälen und in feine Würfel schneiden. Die Frühlingszwiebeln putzen, waschen und in feine Ringe schneiden. Die Zitrone halbieren und den Saft auspressen. Rote-Bete-Würfel vorsichtig mit einem Drittel der Zwiebelwürfel, dem Zitronensaft sowie je 1 Prise Kümmel und Muskat vermengen. Mit Salz und Pfeffer abschmecken. Das Leinöl vorsichtig unterheben, sodass die Rote Bete schön glänzt. Rote Bete in Gläser (à ca. 100 ml Inhalt) verteilen und mindestens 1 Std. durchziehen lassen.

Inzwischen für ein Zwiebelkonfit 1 EL Rapsöl in einer Pfanne erhitzen und die restlichen Zwiebeln mit den Frühlingszwiebeln darin bei mittlerer Hitze anschwitzen, bis sie leicht Farbe bekommen. Den Thymian waschen und trocken schütteln, die Blätter abzupfen und zur Zwiebelmischung geben. Den Agavendicksaft daraufträufeln, mit Salz und Pfeffer abschmecken und alles leicht karamellisieren lassen. Das Zwiebelkonfit auf die Rote Bete geben.

Die Kartoffeln schälen, waschen und in 1 cm große Würfel schneiden. Das restliche Rapsöl in einer Pfanne erhitzen und die Kartoffeln darin nebeneinanderliegend bei mittlerer Hitze gar und goldbraun braten. Mit Salz, Pfeffer und Muskatnuss abschmecken und in die Gläser verteilen. Die Kresse vom Beet schneiden und daraufstreuen.

BALANCE — TIPP

Als **Vitalverstärker** 10 g Leinsamen in einer Pfanne ohne Fett anrösten, abkühlen lassen und auf die Gläser verteilen.
Ein **saures Extra** zum Dahinschmelzen: Pro Person 20 g geriebenen Gruyère auf die warmen Kartoffeln im Glas geben.

RETTICH IN ASIA-MARINADE

Vollgepackt mit Senfölen und Vitamin C

FÜR DIE ROHKOST:

1 großer weißer Rettich (ca. 400 g)

Meersalz aus der Mühle

schwarzer Pfeffer aus der Mühle

1 Bund Radieschen

1 Bund Schnittlauch

1 Schale Rettichsprossen (75 g; ersatzweise Radieschensprossen)

FÜR DIE MARINADE:

ca. 15 g Ingwer

1 rote Chilischote

1 kleines Bund Koriandergrün

1 Zitrone

50 ml Sojasauce

2 TL geröstetes Sesamöl

2 EL Rapsöl

4 TL Agavendicksaft

MITTAGS

4 PERSONEN

40 MIN.

PRO PORTION

ca. 125 kcal,

3 g E, 8 g F, 9 g KH

Für die Rohkost den Rettich putzen, schälen und mit der Gemüsereibe grob reiben. Mit etwas Salz und Pfeffer bestreuen und Wasser ziehen lassen.

Inzwischen die Radieschen putzen, waschen und mit dem Gemüsehobel in feine Scheiben schneiden. Den Schnittlauch waschen, trocken schütteln und in feine Röllchen schneiden. Die Sprossen in einem Sieb kalt abbrausen und gut abtropfen lassen. Den Rettich auf einem Sieb abtropfen lassen, dabei das entstandene Rettichwasser in einer Schüssel auffangen.

Für die Marinade Ingwer schälen und fein in eine Schüssel reiben. Die Chili längs aufschneiden, entkernen, waschen und in feine Würfel schneiden. Den Koriander waschen und trocken schütteln, die Blätter abzupfen und fein schneiden. Zitrone halbieren und den Saft auspressen. Das Rettichwasser, Sojasauce, Sesamöl, Rapsöl, Agavendicksaft und Zitronensaft mit dem Ingwer in der Schüssel verrühren. Chili und Koriander unter die Marinade rühren.

Den Rettich mit etwa zwei Dritteln der Marinade vermischen und in Schälchen verteilen. Radieschen, Schnittlauch und die übrige Marinade vermischen und auf den Rettich setzen. Die Sprossen als Garnitur daraufgeben.

BALANCE — TIPP

Mit insgesamt 30 g Chia-Samen bringen Sie ein echtes Superfood als **Vitalverstärker** auf den marinierten Rettich. Einen leichten Säurekick erhalten Sie mit 2 EL Kefir pro Person, die Sie als **saures Extra** final über den Rettich geben.

GEBRATENER GRÜNER SPARGEL

Schneller Beitrag fürs Antipastibüfett

1 kg grüner Spargel

Meersalz aus der Mühle

2 rote Chilischoten

2 rote Zwiebeln

50 ml Olivenöl

100 g geschälte Mandeln

1 Zitrone

schwarzer Pfeffer aus der Mühle

1 Bio-Zitrone (in Spalten,
  nach Belieben)

MITTAGS / ABENDS

4 PERSONEN

30 MIN.

PRO PORTION

ca. 295 kcal,
9 g E, 26 g F, 5 g KH

Den Spargel waschen und im unteren Drittel schälen, dabei die holzigen Enden abschneiden. Die Stangen in einem Topf mit kochendem Salzwasser 3 Min. blanchieren. In Eiswasser abschrecken, in ein Sieb abgießen und abtropfen lassen.

Die Chilischoten längs aufschneiden, entkernen, waschen und in feine Würfel schneiden. Die Zwiebeln schälen und ebenfalls in feine Würfel schneiden.

Das Olivenöl in einer Grillpfanne erhitzen und die Spargelstangen mit den Mandeln darin bei mittlerer Hitze rundum ca. 5 Min. anbraten. Chili- und Zwiebelwürfel hinzufügen und alles ca. 5 Min. weiterbraten.

Die Zitrone halbieren und den Saft auspressen. Den Spargel mit dem Zitronensaft ablöschen und mit Salz und Pfeffer abschmecken. Dann den Spargel auf einer länglichen Servierplatte anrichten und nach Belieben noch extra Zitronenspalten zum Beträufeln dazulegen.

BALANCE — TIPP

Als **Vitalverstärker** 1 Bund Zitronenbasilikum waschen und trocken schütteln. Die Blätter abzupfen, fein schneiden und über den Spargel streuen.

Nichtveganer und Säureliebhaber hobeln am Ende der Garzeit als **saures Extra** noch 20 g Parmesan (Grana Padano) pro Person über den Spargel.

MÖHRENPÜREE MIT SPINAT

Reich an Betacarotin

500 g Bundmöhren (mit knackig-
    frischem Grün)
1 große mehligkochende Kartoffel
200 g Baby-Blattspinat
2 weiße Zwiebeln
4 EL Rapsöl
300 ml Mandeldrink (ungesüßt)
1 TL Currypulver (nach Belieben
    mild oder scharf)
Meersalz aus der Mühle
schwarzer Pfeffer aus der Mühle
10 g gerösteter Sesam

MITTAGS / ABENDS
4 PERSONEN
20 MIN. + 20 MIN. GAREN
PRO PORTION
ca. 165 kcal,
4 g E, 13 g F, 9 g KH

Die Möhren putzen und schälen, dabei etwas Grün für die Garnitur beiseitelegen. Die Kartoffel schälen und waschen. Möhren und Kartoffel in haselnussgroße Stücke schneiden. Den Spinat verlesen, waschen und trocken schleudern, bei Bedarf grobe Stiele entfernen. Die Zwiebeln schälen und in feine Würfel schneiden.

In einem Topf 2 EL Rapsöl erhitzen und die Hälfte der Zwiebelwürfel darin glasig anschwitzen. Möhren- und Kartoffelstücke dazugeben. Den Mandeldrink angießen und das Gemüse offen bei mittlerer Hitze in ca. 20 Min. weich köcheln. Der Mandeldrink sollte am Ende auf die Hälfte reduziert sein, damit das Püree nicht zu flüssig wird. Die Gemüsemischung im Topf mit dem Stabmixer pürieren. Das Currypulver unterrühren, das Püree mit Salz und Pfeffer abschmecken und in Schälchen füllen.

Das restliche Öl in einer Pfanne erhitzen und die restlichen Zwiebeln kurz darin anschwitzen. Den Spinat bis auf einige Blätter für die Deko hinzufügen und unter Rühren zusammenfallen lassen. Spinat mit Salz und Pfeffer abschmecken und auf dem Möhrenpüree platzieren. Das Gericht mit Spinatblättern, geröstetem Sesam und etwas Möhrengrün garnieren.

BALANCE — TIPP

Rote-Bete-Sprossen passen wunderbar als **Vitalverstärker** auf das Gemüse. Dazu 1 Schale Sprossen (50 g) in einem Sieb abbrausen und abtropfen lassen.
Mit 1 pochierten Ei oder – für Eilige – hart gekochten Ei pro Person haben Sie ein **saures Extra**, das zudem gut sättigt.

SHIITAKE IM ASIA-SUD

Mit feiner Schärfe

B   S

800 g Shiitake (Pilze)

2 weiße Zwiebeln

2 Stängel Zitronengras

15 g Ingwer | 1 rote Chilischote

4 EL geröstetes Sesamöl

100 ml Sojasauce

1 kleine Kartoffel (ca. 70 g)

200 g Mungobohnensprossen

1 kleines Bund Frühlingszwiebeln

1 kleines Bund Koriandergrün

Meersalz aus der Mühle

schwarzer Pfeffer aus der Mühle

MITTAGS

4 PERSONEN

40 MIN.

PRO PORTION

ca. 245 kcal,

12 g E, 11 g F, 24 g KH

Shiitake putzen und vierteln. Zwiebeln schälen und in feine Streifen schneiden. Zitronengras putzen, nur den inneren zarten Teil verwenden und in feine Ringe schneiden. Ingwer schälen und fein reiben. Chili längs halbieren, entkernen, waschen und fein hacken oder in feine Ringe schneiden.

Sesamöl in einem Topf erhitzen und Shiitake mit Zwiebeln darin rundum bei starker Hitze anbraten. 1 l Wasser, Zitronengras, Ingwer, Chili und Sojasauce dazugeben und alles zugedeckt bei schwacher bis mittlerer Hitze 25 Min. leicht köcheln lassen.

Kartoffel schälen, waschen, fein reiben und in den Sud geben. Den Sud weiterköcheln lassen, bis er leicht bindet. Sprossen in einem Sieb kalt abbrausen und abtropfen lassen. Frühlingszwiebeln putzen, waschen und in feine Ringe schneiden. Kurz vor dem Servieren Sprossen und Frühlingszwiebeln unter den Sud rühren. Koriander waschen und trocken schütteln. Blätter abzupfen, hacken und unterrühren. Den Sud mit Salz und Pfeffer abschmecken.

SAUTIERTE MORCHELN

Gourmetgericht für Gäste

B  S

400 g frische Morcheln (ersatzweise
   Champignons)
2 rote Zwiebeln
3 Bund grüner Spargel (1,5 kg)
Meersalz aus der Mühle
16 Kirschtomaten
100 ml Traubenkernöl
schwarzer Pfeffer aus der Mühle

MITTAGS
4 PERSONEN
25 MIN.
PRO PORTION
ca. 305 kcal,
9 g E, 26 g F, 9 g KH

Morcheln mehrmals in klarem Wasser waschen, bis kein Sand mehr zu sehen ist. Die Stiele entfernen. Kleine Morcheln ganz lassen, große Morcheln in 2 cm dicke Ringe schneiden. Zwiebeln schälen und in feine Streifen schneiden. Spargel waschen und im unteren Drittel schälen, dabei die holzigen Enden abschneiden. Stangen leicht schräg in 3 cm große Stücke schneiden. Spargelstücke in einem Topf mit kochendem Salzwasser 2 Min. blanchieren, in Eiswasser abschrecken und anschließend in einem Sieb abtropfen lassen. Tomaten waschen und halbieren.

Traubenkernöl in einer Pfanne erhitzen und die Zwiebeln darin glasig anschwitzen. Spargel und Morcheln dazugeben und ca. 8 Min. mit anschwitzen. Tomaten untermischen. Alles mit Salz und Pfeffer abschmecken und 2 Min. in der Pfanne schwenken, bis die Tomaten etwas zerfallen. In tiefen Tellern oder Pastatellern servieren.

GEBACKENE KARTOFFELN

Pflanzliches Eiweiß in Bestform

FÜR DIE KARTOFFELN:

24 Kartoffeln »La Ratte« (ersatzweise
   kleine festkochende Kartoffeln)
1 Zwiebel
3 Zweige Rosmarin
100 ml Olivenöl
Meersalz aus der Mühle
schwarzer Pfeffer aus der Mühle

FÜR DEN QUARK:

1 Zitrone
1 Packung Kräutermischung für
   Frankfurter Grüne Sauce (ca. 200 g;
   Borretsch, Kerbel, Kresse, Petersilie, Pimpernelle, Sauerampfer und
   Schnittlauch)
800 g Soja-Quarkalternative
4 TL Rapsöl
Meersalz aus der Mühle
schwarzer Pfeffer aus der Mühle

ABENDS
4 PERSONEN
35 MIN.
PRO PORTION
ca. 630 kcal,
24 g E, 42 g F, 36 g KH

Den Backofen auf 185° vorheizen, ein Backblech mit Backpapier auslegen. Die Kartoffeln gründlich waschen und
längs halbieren. Die Zwiebel schälen und längs in Spalten
schneiden. Den Rosmarin waschen und trocken schütteln,
die Nadeln abzupfen und fein hacken.

Kartoffeln in einer Schüssel mit Zwiebelspalten, Rosmarin und Olivenöl gut vermischen, sodass alles gut vom Öl
überzogen ist. Mit Salz und Pfeffer würzen und auf dem
Backpapier verteilen. Im Ofen (Mitte) in 25 Min. goldbraun
und knusprig backen.

Inzwischen für den Quark die Zitrone halbieren und den
Saft auspressen. Die Kräutermischung waschen und trocken
schütteln, grobe Stiele entfernen. Einige Kräuterblätter für die
Garnitur beiseitelegen. Restliche Kräuter mit einem Viertel
des Sojaquarks, Rapsöl, Zitronensaft, Salz und Pfeffer im Mixer fein pürieren. In einer Schüssel mit restlichem Sojaquark
verrühren, mit Salz und Pfeffer abschmecken.

Den Quark in vier Dipschalen verteilen und mit Kräuterblättern garnieren. Je eine Schale mit Kartoffeln auf einem
großen Teller anrichten und mit kleinen Gabeln servieren.

BALANCE — TIPP

Rösten Sie 30 g Leinsamen in einer Pfanne ohne Fett an, bis
sie zu duften beginnen, und streuen Sie diese vor dem Servieren als **Vitalverstärker** auf die Kartoffeln.
Als **saures Extra** können Sie zum Verfeinern pro Person
1 TL Crème fraîche (10 g) auf das Gericht geben.

SÜSSKARTOFFELTÜRMCHEN

Schichtkunst fürs Büfett

B ▬▬▬ S

FÜR DIE TÜRMCHEN:

2 Süßkartoffeln (ca. 600 g)

Meersalz aus der Mühle

schwarzer Pfeffer aus der Mühle

100 ml Olivenöl

500 g Champignons

4 Schalotten

4 Tomaten

1 Bund Schnittlauch

FÜR DAS PETERSILIENPESTO:

1 Bund glatte Petersilie

30 g Pinienkerne

abgeriebene Schale von 1 Bio-Zitrone

100 ml Olivenöl

Meersalz aus der Mühle

schwarzer Pfeffer aus der Mühle

AUSSERDEM:

Ausstechform (rund, 5 cm Ø)

MITTAGS

4 PERSONEN

50 MIN. + 15 MIN. BACKEN

PRO PORTION

ca. 675 kcal,

8 g E, 56 g F, 35 g KH

Für die Türmchen die Süßkartoffeln schälen und in 1 cm dicke Scheiben schneiden. Aus den Scheiben mit der Ausstechform Kreise ausstechen. Backofen auf 185° vorheizen, ein Backblech mit Backpapier belegen. Kartoffeln mit Salz und Pfeffer würzen. Die Hälfte des Olivenöls in einer großen Pfanne erhitzen und die Kartoffeln darin bei mittlerer Hitze beidseitig goldbraun anbraten. Dann auf dem Blech im Ofen (Mitte) in ca. 15 Min. gar backen. Herausnehmen und auskühlen lassen.

Die Champignons putzen und vierteln. Die Schalotten schälen und in feine Würfel schneiden. Die Tomaten kreuzweise einritzen und 10 Sek. in kochendem Wasser blanchieren. In Eiswasser abschrecken und die Haut abziehen. Dann die Tomaten halbieren, entkernen, von den Stielansätzen befreien und in feine Würfel schneiden. Den Schnittlauch waschen, trocken schütteln und in feine Ringe schneiden. 2 EL Olivenöl in der Pfanne erhitzen und die Pilze darin bei starker Hitze leicht braun anbraten. Aus der Pfanne nehmen. Restliches Olivenöl erhitzen und Schalotten anbraten. Champignons fein hacken und mit Schalotten, Tomaten und Schnittlauch vermengen. Das Pilztatar mit Salz und Pfeffer abschmecken.

Für das Pesto Petersilie waschen und trocken tupfen. Blätter abzupfen, einige für die Deko beiseitelegen. Restliche Blätter mit Pinienkernen, Zitronenschale, Olivenöl, etwas Salz und Pfeffer im Mixer mit Pulsfunktion fein zerkleinern.

Kartoffelscheiben auf eine Servierplatte legen und das Pilztatar mithilfe des Ausstechers daraufsetzen. Dafür jeweils den Ausstecher um die Kartoffel legen und etwas Tatar mit einem Löffel in den Ring drücken. Türmchen mit Pesto beträufeln und mit Petersilie garnieren.

HIRSE-COUSCOUS MIT MINZE

Auch kalt ein Hochgenuss

FÜR DAS COUSCOUS:

2 Msp. Ras el Hanout (arabische
  Gewürzmischung)
Meersalz aus der Mühle
150 g Hirse-Couscous (z. B. aus dem
  arabischen Lebensmittelgeschäft;
  ersatzweise Hirse)
4 Stiele Minze

FÜR DAS SCHMORGEMÜSE:

2 Zwiebeln
1 Möhre (ca. 100 g)
1 Staudensellerie (ca. 400 g)
1 Stange Lauch (ca. 150 g)
100 ml Olivenöl
100 ml Gemüsefond
Meersalz aus der Mühle
schwarzer Pfeffer aus der Mühle

MITTAGS / ABENDS
4 PERSONEN
40 MIN.
PRO PORTION
ca. 390 kcal,
6 g E, 27 g F, 31 g KH

Für das Couscous 150 ml Wasser mit dem Ras el Hanout
und etwas Salz in einem Topf zum Kochen bringen. Den
Couscous in eine Schüssel geben, mit dem gewürzten
Wasser übergießen und 5–10 Min. quellen lassen (falls Hirse-
körner verwendet werden, diese im Wasser 15 Min. köcheln
und anschließend 15 Min. ausquellen lassen). Inzwischen die
Minze waschen und trocken schütteln, die Blätter abzupfen
und in feine Streifen schneiden. Den Couscous mit einer
Gabel auflockern und mit der Minze verfeinern.

Für das Schmorgemüse die Zwiebeln schälen und in feine
Würfel schneiden. Die Möhre putzen, schälen und in 1 cm
große Stücke schneiden. Den Sellerie putzen, waschen und in
Stangen teilen. Die Stangen mit dem Sparschäler schälen und
dann in 1 cm große Stücke schneiden. Den Lauch putzen,
gründlich waschen und in feine Ringe schneiden.

Das Olivenöl in einem Schmortopf erhitzen und die vorbereiteten Gemüsestücke darin bei starker Hitze rundum anbraten,
bis sie leicht Farbe annehmen. Den Gemüsefond angießen
und das Gemüse zugedeckt bei schwacher Hitze in 5–10 Min.
weich schmoren. Mit Salz und Pfeffer abschmecken. Den
Couscous mit dem Schmorgemüse auf Tellern anrichten.
Nach Belieben mit einigen extra Minzeblättern garnieren.

BALANCE — TIPP

Wer mag, gibt Kichererbsensprossen als **Vitalverstärker** auf
das Couscousgericht. Dafür 200 g Kichererbsensprossen in
kochendem Wasser 10–15 Min. blanchieren, in Eiswasser abschrecken und abtropfen lassen.

LINSENKEIMLING-KÜCHLE

Eiweißreich und trotzdem basenüberschüssig

B   S

FÜR DIE KÜCHLE:

200 g Quinoa
400 g Belugalinsensprossen
   (selbst gezogen)
1 große Gemüsezwiebel
1 kleines Bund Majoran
100 ml Olivenöl
gemahlener Kreuzkümmel
Meersalz aus der Mühle
schwarzer Pfeffer aus der Mühle

FÜR DIE KRÄUTERTAPENADE:

50 g Mandeln
2 Bio-Zitronen
40 g Brennnesseln
40 g Brunnenkresse
40 g Sauerampfer
2 Schalotten
30 g grüne Oliven (ohne Stein)
20 g Kapern (in Meersalz)
4 TL Agavendicksaft
100 ml natives grünes Olivenöl
Meersalz aus der Mühle
bunter Pfeffer aus der Mühle

MITTAGS / ABENDS
4 PERSONEN
1 STD. 15 MIN.
PRO PORTION
ca. 850 kcal,
21 g E, 61 g F, 59 g KH

Für die Küchle Quinoa in einem Sieb abbrausen. Mit 400 ml Wasser in einem Topf aufkochen und zugedeckt bei schwacher Hitze in ca. 15 Min. weich köcheln. Dann ohne Hitzezufuhr 30 Min. ausquellen und lauwarm abkühlen lassen. Sprossen in einem Sieb abbrausen und abtropfen lassen.

Inzwischen für die Tapenade die Mandeln in einer Pfanne anrösten und abkühlen lassen. 1 Zitrone waschen und trocken reiben, die Schale abreiben. Beide Zitronen halbieren und den Saft auspressen. Brennnesseln, Brunnenkresse und Sauerampfer verlesen und waschen, grobe Stiele entfernen. Schalotten schälen und fein würfeln. Vorbereitete Zutaten mit Oliven, Kapern, Agavendicksaft und Olivenöl im Mixer zu einer Paste pürieren. Mit Salz und Pfeffer abschmecken.

Zum Fertigstellen der Küchle die Zwiebel schälen und fein würfeln. Majoran waschen und trocken schütteln, Blätter abzupfen und hacken. 2 EL Olivenöl in einer Pfanne erhitzen, Zwiebel und Sprossen darin glasig anschwitzen. Mit 1 Msp. Kreuzkümmel, Salz, Pfeffer und dem Majoran würzen.

Hälfte der Sprossenmischung im Blitzhacker fein zerkleinern und mit der Quinoa mischen. Restliche Sprossenmischung dazugeben, alles zu einer formbaren Masse verkneten. Mit Kreuzkümmel, Salz und Pfeffer abschmecken. Masse mit den Händen zu kleinen, ca. 1 cm dicken Küchle formen. Restliches Olivenöl in einer Pfanne erhitzen und Küchle beidseitig braun braten. Mit Tapenade und eventuell Kräutergarnitur servieren.

BALANCE — TIPP

Mit 30 g gehackten Pistazien als **Vitalverstärker** tun Sie Ihrer Gesundheit zusätzlich etwas Gutes!

BASISCHE — SOMMERKÜCHE

Im Sommer ist es besonders leicht, die Säure-Basen-Balance im Gleichgewicht zu halten. Denn nun geht es nicht nur in der Natur bunter und abwechslungsreicher zu als in den anderen Jahreszeiten, sondern auch auf unserem Teller. Denn es herrscht Hochsaison auf den heimischen Gemüsebeeten und in den Obstplantagen, und mit der schier unerschöpflichen Vielfalt an saftigen Früchten und knackigem Gemüse steht einer basenreichen Küche nichts mehr im Wege. Doch es gibt noch mehr Gründe, warum Sie das üppige Angebot der Saison voll ausschöpfen sollten: Aus Sicht der Traditionellen Chinesischen Medizin wirken die Sommerfrüchte kühlend und liefern unserem Körper damit genau das, was er in der heißen Jahreszeit braucht. Ganz nebenbei versorgt uns die Natur so auch noch mit reichlich Mineralstoffen und Spurenelementen.

DIE NATUR IN DER HITZE DES SOMMERS

Wenn sich der noch recht wechselhafte Frühling dem Ende zuneigt und es draußen schon richtig heiß werden kann, dann steht endlich die wärmste Zeit des Jahres vor der Tür: der Sommer! Zu Beginn des Sommers blühen viele bunte Blumen auf den Wiesen, Feldern und Gärten und die Insekten fliegen von Blüte zu Blüte, um den süßen Nektar darin aufzusaugen. Alles wächst und gedeiht und die Pflanzen sammeln jetzt die notwendigen Nährstoffe, damit sie später gut über den Winter kommen. Für uns bedeutet das: Reife Früchte und knackiges Gemüse stehen nun in Hülle und Fülle zur Verfügung.

STOFFWECHSEL AUF HOCHTOUREN

Im Sommer wird durch die längere Tageshelligkeit bei uns der Stoffwechsel so richtig schön angekurbelt und läuft auf Hochtouren. Auch die Stimmung hellt sich ganz automatisch auf, wenn Sie sich viel im Freien aufhalten. Denn Sonnenstrahlen regen die Produktion des Hormons Serotonin an, das wegen seiner positiven Wirkung auf unser Wohlbefinden auch als »Glückshormon« bezeichnet wird. Schneller als in jeder anderen Jahreszeit verdaut unser Organismus nun auch die Nahrung, da die Verdauungsenzyme im aktivierten Stoffwechsel besser arbeiten. Äußerlich macht sich die hohe Stoffwechselaktivität an Haut, Haaren und Nägeln bemerkbar: Alle Wachstumsprozesse sind im Sommer stärker, und so regeneriert sich die Haut schneller und Haare sowie Nägel wachsen rascher und sind widerstandsfähiger. Kurzum: Ihrem Stoffwechsel und Ihrer Seele geht es in kaum einer Jahreszeit besser als im Sommer! In der heißen Jahreszeit hat unser Körper allerdings auch mit den steigenden Temperaturen zu kämpfen. Schwer verdauliche und erhitzende Nahrungsmittel sollten jetzt tabu sein, denn sie heizen

den Körper zusätzlich auf und belasten den Organismus nur unnötig.

SOMMERFRÜCHTE TUN NUN GUT

Ideal ist jetzt eine leichte basenreiche Ernährung, die den Körper abkühlt und den Stoffwechsel auf Touren bringt. Dafür kommen leicht verdauliche Nahrungsmittel mit kühlenden Eigenschaften auf den Teller. Insbesondere Obst und Gemüsesorten mit einem hohen Wassergehalt und Bitterstoffen sind wahre Kühlanlagen, die dem Körper helfen, ein paar Grade herunterzuschalten. Im Sommer schmecken vor allem grüne Klassiker wie Romana und Rucola, aber auch Radicchio und bunter Eichblattsalat. In Hülle und Fülle liegen nun auch frische Gartenkräuter in großen Bünden in Geschäften oder Sie können diese im Idealfall auf Ihrem Balkon oder im Garten ernten – Petersilie und Co. versorgen uns nun mit jeder Menge Mineralstoffen, Vitaminen, sekundären Pflanzenstoffen und ätherischen Ölen. Je nach Sorte und deren Inhaltsstoffen wirken sie ganz unterschiedlich auf unseren Stoffwechsel: Manche sind verdauungsanregend, andere helfen beim Entwässern und wieder andere kurbeln im Körper die Fettverbrennung an. Auch aromatische Früchte wie Himbeeren, Erdbeeren und Kirschen oder mediterrane Gemüsesorten wie Tomaten, Auberginen und Zucchini geben unserem Stoffwechsel genau das, was er jetzt braucht, und sorgen durch ihren hohen Wassergehalt für Erfrischung.

WOCHENMARKT — TIPP

Gemüse: Auberginen, Blumenkohl, Bohnen, Brokkoli, Eisbergsalat, Erbsen, Fenchel, Gurken, Kohlrabi, Kopfsalat, Mangold, Möhren, Paprika, Radieschen, Rettich, Rucola, Spinat, Spitzkohl, Staudensellerie, Tomaten, Zucchini

Obst: Aprikosen, Brombeeren, Erdbeeren, Heidelbeeren, Himbeeren, Johannisbeeren, Kirschen, Melonen, Mirabellen, Nektarinen, Pfirsiche, Pflaumen, Stachelbeeren, Trauben

ZEIT FÜR TOMATEN

 **EIERTOMATEN** wie die San Mar-zano oder Cigalon sind länglich, meist dickfleischig, kernarm, fest und schmecken intensiv fruchtig. Durch ihre feste Konsistenz sind sie hervorragend für Salate geeignet. Dank ihres intensiven Aromas verwenden Köche sie auch gerne zur Zubereitung von Tomatensuppen und -saucen.

 **KIRSCHTOMATEN** sind mit bis zu 2,5 cm Durchmesser die »Kleinen«. Zu den beliebtesten Sorten zählen die flaschenförmige Caprese, die dunkle Black Zebra mit Streifenoptik, Primavera und die gelbe Lollipop. Aufgrund ihrer angenehmen Süße schmecken sie als Snack, im Salat, zum Grillen oder aufs Brot.

 **FLEISCHTOMATEN** zeichnen sich durch ihre Größe aus, sie bringen besonders viel Fruchtfleisch und wenig Kerne mit. Die Früchte sind glatt oder stark gerippt und sehr saftig. Egal ob Ochsenherzen, Berner Rose, Gelbe Paprika, Marmande oder St. Pierre: Sie alle sind besonders schnittfest und eignen sich zum Füllen, Grillen, Gratinieren und für Salate.

 **STRAUCHTOMATEN** sind relativ groß und fest. Die Früchte werden zusammen mit Kelch und Stielen als ganze Rispe angeboten. Sie haben einen kräftigeren Geschmack als Rundtomaten und sind wesentlich fester als diese. Als Allrounder schmecken sie lecker in Salaten und Aufläufen oder machen sich in Scheiben geschnitten auch gut als Brotbelag.

15-18°

ist die ideale Lagertemperatur für Tomaten. Im Kühlschrank verlieren sie sehr schnell ihr Aroma und werden fad.

DIE SÄUREN DER TOMATE wirken appetitanregend und aktivieren Magen und Bauchspeicheldrüse. Aufgrund des hohen Wassergehaltes wirken die roten Früchte wasserausschwemmend, entgiftend, abführend, harntreibend, appetitanregend und cholesterinsenkend – und Tomaten können sogar dabei helfen, den Blutdruck zu senken. Eine allabendlich genossene Tomate sorgt für entspannte Nerven und ruhigen Schlaf. Gekocht liefern uns Tomaten viel zellschützendes Lycopin, das auch für die rote Farbe der Früchte sorgt.

TOMATEN SELBST ANBAUEN

Selbst wenn Sie nur wenig Platz haben, lohnt sich der Eigenanbau von Tomaten, denn inzwischen sind auch die großen Varianten dieses Gemüses balkontauglich geworden. In Garten- oder auf Wochenmärkten bekommen Sie bereits gezogene Pflänzchen – selbst aussäen lohnt sich nur, wenn Sie Platz für viele Pflanzen haben. Wichtige Voraussetzungen für eine erfolgreiche Balkonernte sind ein ausreichend großes Pflanzgefäß mit Wasserabfluss und ein sonniger, aber wind- und regengeschützter Standort.

FLEISCHTOMATENSALAT

Gesunde Büromahlzeit

B   S

FÜR DIE SALATMISCHUNG:

4 große Fleischtomaten

1 Salatgurke

2 Avocados

FÜR DAS DRESSING:

2 rote Zwiebeln

1 Jalapeño-Chilischote
   (ersatzweise rote Chilischote)

1 Bund Koriandergrün

4 Limetten

3 EL Agavendicksaft

Meersalz aus der Mühle

MITTAGS

4 PERSONEN

25 MIN.

PRO PORTION

ca. 355 kcal,

6 g E, 28 g F, 17 g KH

Für die Salatmischung die Tomaten waschen und in 2 cm große Würfel schneiden, dabei jeweils den Stielansatz herausschneiden. Die Gurke waschen und ebenfalls in 2 cm große Würfel schneiden.

Die Avocados längs halbieren und entkernen. Das Fruchtfleisch mit einem Löffel als Ganzes aus der Schale lösen und in 2 cm große Würfel schneiden. Die vorbereiteten Zutaten in einer Schüssel vorsichtig mischen.

Für das Dressing die Zwiebeln schälen und in feine Streifen schneiden. Die Chilischote längs aufschneiden, entkernen, waschen und in feine Würfel schneiden. Den Koriander waschen und trocken schütteln, die Blätter von den Stängeln abzupfen und bis auf einige für die Garnitur fein hacken. Die Limetten halbieren und den Saft auspressen.

Den Limettensaft mit dem Agavendicksaft und etwas Salz verrühren. Zwiebelstreifen, Chilischote und Koriander untermischen. Das Dressing nochmals mit Salz abschmecken, über die Salatmischung geben und leicht unterheben. Salat in Schälchen anrichten und mit Korianderblättchen garnieren.

BALANCE — TIPP

Als **Vitalverstärker** insgesamt 20 g dunklen Sesam in einer Pfanne ohne Fett anrösten, bis die Samen aromatisch duften, und auf den Salat streuen.

Geben Sie als **saures Extra** 60 g Joghurt pro Person on top. Fürs Büro den Salat z. B. in ein Glas füllen und den Joghurt daraufgeben, dann das Glas gut verschließen.

GRÜNES TOMATENCHUTNEY

B   S

Passt auch zu Folienkartoffeln vom Grill

FÜR DAS CHUTNEY:

500 g grüne Tomaten

3 Zwiebeln

1 rote Chilischote

1 Bund Basilikum

1 Bio-Zitrone

2 EL Olivenöl

20 g gelbe Senfkörner

250 ml Agavendicksaft

Meersalz aus der Mühle

schwarzer Pfeffer (grob gemörsert)

FÜR DIE REIBEKUCHEN:

800 g vorwiegend festkochende
   Kartoffeln

1 Zwiebel

Meersalz aus der Mühle

weißer Pfeffer aus der Mühle

frisch geriebene Muskatnuss

ca. 4 EL Rapsöl zum Braten

AUSSERDEM:

4 Handvoll Baby-Blattspinat

MITTAGS / ABENDS

4 PERSONEN

40 MIN. + 30 MIN. KÖCHELN

PRO PORTION

ca. 495 kcal,

7 g E, 17 g F, 78 g KH

Für das Chutney Tomaten waschen und klein schneiden, dabei die Stielansätze entfernen. Zwiebeln schälen und klein würfeln. Chilischote längs aufschneiden, entkernen, waschen und klein würfeln. Basilikum waschen und trocken schütteln, Blätter abzupfen und fein schneiden. Zitrone waschen und trocken reiben, Schale abreiben und Saft auspressen.

Olivenöl in einem Topf erhitzen. Zwiebeln und Chili darin bei mittlerer Hitze kurz anschwitzen, Tomaten dazugeben und kurz mitschwitzen. Senfkörner, Agavendicksaft, Hälfte des Basilikums und Zitronenschale hinzufügen und alles offen bei mittlerer Hitze ca. 30 Min. dickflüssig einköcheln. Chutney abkühlen lassen, dann mit etwas Zitronensaft, restlichem Basilikum, Salz und Pfeffer abschmecken.

Für die Reibekuchen Kartoffeln schälen, waschen und fein reiben. Ein Sieb mit einem sauberen Küchentuch auslegen, Kartoffeln darin sehr gut ausdrücken. Zwiebel schälen, fein würfeln und mit den Kartoffeln vermengen. Masse mit Salz, Pfeffer und Muskat würzen und zu kleinen flachen Küchlein formen. Nach und nach Rapsöl zum Braten in einer großen Pfanne erhitzen, Küchlein darin portionsweise bei mittlerer Hitze beidseitig braun braten. Auf Küchenpapier entfetten.

Zum Servieren Spinat waschen, trocken schleudern und auf Tellern anrichten. Die Reibekuchen darauflegen, das Chutney separat dazu servieren.

BALANCE — TIPP

Der ideale **Vitalverstärker** ist 1 grob geraspelter grüner Apfel. Für Säureliebhaber passt hier pro Person 1 Scheibe (ca. 40 g) Ziegenkäse als **saures Extra** dazu.

TOMATEN

FRUCHTIGE TOMATENESSENZ

Kalt sehr erfrischend

B ▬▬▬ S

2,5 kg reife, saftige Strauchtomaten
1 Schalotte
ca. 50 ml Olivenöl
Meersalz aus der Mühle
bunter Pfeffer aus der Mühle
1 Bund Basilikum
8 rote Kirschtomaten
8 gelbe Kirschtomaten
200 ml Mandeldrink (ungesüßt)

MITTAGS / ABENDS
4 PERSONEN
1 STD.
PRO PORTION
ca. 235 kcal,
7 g E, 14 g F, 18 g KH

Strauchtomaten kreuzweise einritzen und in kochendem Wasser 10 Sek. blanchieren. Kalt abschrecken und häuten, Stielansätze herausschneiden. Tomaten quer halbieren und die Kerne mithilfe eines Teelöffels über einem Sieb herauslösen, dabei den Saft in einer Schüssel auffangen. Kerne als Suppeneinlage beiseitestellen. Tomaten samt aufgefangenem Saft mit dem Stabmixer fein pürieren. Ein Sieb in eine Schüssel hängen und mit einem sauberen Tuch auslegen. Püree hineingeben, Tuchecken darüber fest eindrehen und den Saft gut auspressen. Püreerest aus dem Tuch beiseitestellen.

Schalotte schälen und in feine Würfel schneiden. 2 EL Olivenöl in einem Topf erhitzen und die Schalotte darin kurz anschwitzen. Aufgefangenen Tomatensaft hinzufügen und bei mittlerer Hitze heiß werden lassen. Essenz mit Salz und Pfeffer abschmecken. Basilikum waschen und trocken schütteln, 2 Stiele in die Essenz geben und ziehen lassen. Vom restlichen Basilikum die Blätter abzupfen.

Kirschtomaten mit einem Messer kreuzweise einritzen und in kochendem Wasser 10 Sek. blanchieren. Kalt abschrecken, häuten und in tiefe Teller verteilen. Essenz ohne Basilikumstiele darübergeben. Beiseitegestelltes Tomatenpüree mit Salz, Pfeffer und Olivenöl abschmecken, mithilfe von zwei Teelöffeln zu Nocken formen und auf der Essenz platzieren. Den Mandeldrink in einem Topf kurz aufkochen, mit dem Stabmixer aufschäumen. Mandelschaum mit Salz und Pfeffer abschmecken und ebenfalls auf die Essenz geben. Nach Belieben Tomatenkerne als Suppeneinlage hineingeben. Mit restlichen Basilikumblättern garnieren.

BALANCE — TIPP

Rösten Sie als **Vitalverstärker** 20 g gehobelte geschälte Mandeln goldbraun und bestreuen Sie die Essenz damit.

GEBRATENE OCHSENHERZEN

Schnell zubereitet und trotzdem raffiniert

FÜR DIE OLIVENTAPENADE:

1 Bund Rucola

1 kleines Bund glatte Petersilie

1 rote Zwiebel

1 Bio-Zitrone

16 Kalamata-Oliven (ohne Stein)

45 g Pinienkerne

1 EL Kapern (in Meersalz)

100 ml Olivenöl

Meersalz aus der Mühle

schwarzer Pfeffer aus der Mühle

FÜR DIE TOMATEN:

4 Ochsenherztomaten

4 EL Olivenöl

FÜR DIE GARNITUR:

2 Bund Rucola

1 rote Zwiebel

16 Kalamata-Oliven

1 TL Pinienkerne

1 TL Kapern (in Meersalz)

Für die Tapenade den Rucola und die Petersilie waschen und gut trocken schütteln, von der Petersilie die Blätter abzupfen. Die Zwiebel schälen und in Würfel schneiden. Die Zitrone waschen und trocken reiben, die Schale abreiben und den Saft auspressen. Etwas Petersilie für die Garnitur beiseitelegen. Die übrigen vorbereiteten Zutaten mit Oliven, Pinienkernen, Kapern und Olivenöl im Blitzhacker oder Mixer kurz und nicht zu fein zerkleinern. Die Oliventapenade mit Salz und Pfeffer abschmecken.

Für die gebratenen Tomaten die Ochsenherzen waschen und quer in ca. 1 cm dicke Scheiben schneiden, dabei die Scheibe mit dem Stielansatz entfernen. Das Olivenöl in einer großen Pfanne erhitzen und die Tomatenscheiben darin bei starker Hitze auf beiden Seiten kurz anbraten, bis sie Farbe bekommen. Die Tomaten auf einer Platte anrichten und mit der Tapenade marinieren.

Für die Garnitur den Rucola waschen und gut trocken schütteln, die Zwiebel schälen und in feine Würfel schneiden. Die Tomaten mit Rucola, Zwiebel, Oliven, Pinienkernen, Kapern und der beiseitegelegten Petersilie garnieren.

MITTAGS / ABENDS

4 PERSONEN

30 MIN.

PRO PORTION

ca. 610 kcal,

7 g E, 58 g F, 16 g KH

BALANCE — TIPP

Als **Vitalverstärker** 10 g Basilikumsprossen (selbst gezogen) waschen, abtropfen lassen und auf die Tomaten streuen.
Ein feines **saures Extra** ergibt Burrata, ein Sahnemozzarella. Von diesem können Sie pro Person 60 g ganz oder in Scheiben geschnitten auf den Ochsenherztomaten anrichten.

TOMATEN

TARTE TATIN VON EIERTOMATEN

Liefert reichlich herzgesundes Fett

B ——— S

100 g Leinsamen

12 Eiertomaten

1 kleines Bund Thymian

1 kleines Bund Oregano

100 ml Olivenöl

Meersalz aus der Mühle

schwarzer Pfeffer aus der Mühle

50 g heller Sesam

1 kleines Bund Basilikum

AUSSERDEM:

4 Tapasschalen oder Tartelett-
förmchen (à 10–12 cm Ø)

ABENDS
4 PERSONEN
45 MIN. + 15 MIN. BACKEN
PRO PORTION
ca. 430 kcal,
11 g E, 40 g F, 7 g KH

Die Leinsamen in einer Schüssel mit 100 ml kaltem Wasser bedecken und mindestens 30 Min. quellen lassen.

Inzwischen die Tomaten kreuzweise einritzen und in kochendem Wasser 10 Sek. blanchieren. Kalt abschrecken und die Haut abziehen. Tomaten in Achtel schneiden, dabei entkernen und die Stielansatze entfernen. Thymian sowie Oregano waschen und trocken schütteln. Blätter abzupfen, fein hacken und mit Tomaten und 3 EL Olivenöl mischen. Mit Salz und Pfeffer würzen.

Backofen auf 200° Umluft vorheizen. Die Tomaten fest in die Schalen oder Förmchen drücken, sodass keine Luft dazwischen ist. Leinsamen mit Sesam und etwas Salz mit dem Stabmixer zu einer Paste pürieren, diese dünn auf den Tomaten verteilen. Tomaten im Ofen (Mitte) ca. 15 Min. backen, bis eine schöne Kruste entstanden ist.

Aus dem Ofen nehmen und 10 Min. abkühlen lassen. Inzwischen Basilikum waschen und trocken schütteln. Blätter abzupfen und mit restlichem Olivenöl sowie etwas Salz mit dem Stabmixer fein pürieren. Tartes auf Teller stürzen und mit Basilikumöl beträufeln. Als Garnitur passen frische Kräuter.

BALANCE — TIPP

Leinsamen können dabei helfen, schädliches LDL-Cholesterin im Blut zu senken und gutes HDL-Cholesterin zu erhöhen. Die enthaltene Linolsäure trägt zudem dazu bei, die Blutgefäße vor Entzündungsschäden zu schützen.
Knackiger **Vitalverstärker**: 40 g süße Aprikosenkerne (Bioladen) in einer Pfanne anrösten und auf den Tartes verteilen.
Als **saures Extra** verfeinern 20 g Pecorino mit Pfeffer (Pecorino Pepato) pro Person die Tartes.

FRÜHSTÜCK IM SOMMER

Je heißer es draußen wird, umso mehr hat unser Körper das Bedürfnis nach einer erfrischenden Abkühlung. Rohes können wir zu dieser Jahreszeit viel besser verdauen als in den kühleren Monaten des Jahres. Ideal sind jetzt deshalb süße, saftige Früchte, die uns schon morgens erfrischen.

ERFRISCHENDES UND VITALSTOFFREICHES OBST

Beeren und Melonen sind im Sommer die Highlights und dürfen auch bei einem basischen Start in den Tag nicht fehlen. Von Juni bis August ist die Auswahl an frischen heimischen Beeren ganz besonders groß. Die Früchte sind nicht nur eine gesunde Alternative zu Süßigkeiten, sie sind auch gut für die Figur: Sie enthalten kein Fett, dafür aber jede Menge Ballaststoffe, die unsere Verdauung in Schwung bringen. Für eine »beerenstarke« Immunabwehr versorgen sie uns mit wichtigem Vitamin C, Magnesium, Eisen und Folsäure. Genau richtig, um gesund und fit durch den Sommer zu kommen!

BASISCHE BEERENKALTSCHALE

B   S

250 g Erdbeeren | 1 Handvoll Beeren nach Wahl (Schwarze oder Rote Johannisbeeren, Him- oder Brombeeren; nach Belieben auch Kirschen) | 1 Bio-Orange | Mark von 1 Vanilleschote | 2 EL Agavendicksaft | einige Zitronenmelisseblättchen

2 PERSONEN | 10 MIN.
Pro Portion ca. 105 kcal,
2 g E, 1 g F, 22 g KH

Erdbeeren waschen, putzen und halbieren. Die Hälfte der Erdbeeren mit dem Stabmixer pürieren. Beeren nach Wahl waschen und abtropfen lassen, Kirschen entsteinen. Orange heiß waschen und trocken reiben, ein ca. 2 × 1 cm großes Stück Schale abschneiden. Orange halbieren, Saft auspressen und mit Schale, Vanillemark, Agavendicksaft und Erdbeerpüree in einem Topf aufkochen und leicht andicken lassen. Schale entfernen. Beeren nach Wahl kurz mitkochen und die restlichen Erdbeeren untermengen. Abkühlen lassen und kalt stellen. Mit Melisse garnieren.

SOMMER IM GLAS

B   S

250 g Erdbeeren | 1 Mango | 1 Orange |
2 EL Kokoschips | 2 TL Erdmandel-
flocken (auf www.basenfasten.de/shop
oder aus dem Bioladen bzw. Reformhaus)

2 PERSONEN | 20 MIN.
Pro Portion ca. 270 kcal,
6 g E, 14 g F, 28 g KH

Die Erdbeeren waschen, putzen und
klein schneiden. Die Mango schälen,
das Fruchtfleisch erst vom Stein und
dann in kleine Stücke schneiden.

Alle vorbereiteten Früchte gleichmäßig
in Gläser verteilen. Die Orange halbieren und den Saft auspressen.

Kokoschips, Erdmandelflocken und
Orangensaft über die Früchte geben.
Sommer im Glas sofort servieren.

BALANCE — TIPP
Geben Sie als **Vitalverstärker** zusätzlich
2 EL Chia-Samen auf die Fruchtmischung.

MELONE AN MINZPESTO

B   S

¼ Wassermelone | ¼ Honigmelone |
¼ Cantaloupe-Melone | 10 Blättchen
arabische Minze (ersatzweise eine
andere Minzesorte) | 2 EL geschälte
Mandeln | 2 EL Avocadoöl (ersatzweise
Traubenkernöl)

2 PERSONEN | 15 MIN.
Pro Portion ca. 310 kcal,
6 g E, 18 g F, 33 g KH

Das Melonenfruchtfleisch erst aus der
Schale schneiden, dann in kleine Stücke
schneiden. Die Minzeblättchen waschen und trocken tupfen. Die Mandeln
in einer Pfanne goldgelb rösten.

Minze und Mandeln mit Avocadoöl im
Mixer zu feinem Pesto pürieren. Die
Melonenstücke in einer Schale mit dem
Pesto anrichten. Als Garnitur passen
frische Minzeblätter.

BALANCE — TIPP
Als **Vitalverstärker** 50 g Honigkresse oder
Steviasprossen (selbst gezogen) abbrausen,
abtropfen lassen und auf die Melone streuen.

BRUNNENKRESSE MIT BEEREN

Gabelweise Antioxidantien

FÜR DIE SALATMISCHUNG:

40 g Haselnusskerne

400 g Brunnenkresse

200 g Mungobohnensprossen

32 Himbeeren (ca. 300 g)

FÜR DAS DRESSING:

200 g Himbeeren

3 Zitronen

4 EL Agavendicksaft

50 ml Haselnussöl

100 ml Gemüsefond

Meersalz aus der Mühle

schwarzer Pfeffer aus der Mühle

MITTAGS
4 PERSONEN
30 MIN.
PRO PORTION
ca. 270 kcal,
5 g E, 20 g F, 14 g KH

Für die Salatmischung die Haselnüsse in einer Pfanne rösten, bis sie aromatisch duften. Herausnehmen, grob hacken und abkühlen lassen.

Die Brunnenkresse verlesen, waschen und trocken schleudern. Die Blätter abzupfen. Die Sprossen in einem Sieb kalt abbrausen und gut abtropfen lassen. Die Himbeeren verlesen, vorsichtig waschen und trocken tupfen.

Für das Dressing ebenfalls die Himbeeren verlesen, waschen und trocken tupfen. Die Zitronen halbieren und den Saft auspressen. Zitronensaft, Agavendicksaft, Haselnussöl und Gemüsefond in einem hohen Rührbecher mit dem Stabmixer oder im Mixer fein pürieren. Das Dressing mit Salz und Pfeffer abschmecken.

Die Brunnenkresseblätter mit den Sprossen vorsichtig vermischen, auf Tellern anrichten und mit den Himbeeren sowie den Haselnüssen bestreuen. Das Dressing gleichmäßig auf dem Salat verteilen.

BALANCE — TIPP

Als **Vitalverstärker** 1 kleines Bund Zitronenmelisse waschen und trocken schütteln. Die Blätter abzupfen und nach Belieben ganz oder in Streifen geschnitten auf den Salat geben. Wenn ein **saures Extra** auf dem Salat sein darf, geben Sie pro Person 60 g Ziegenkäserolle darauf. Den Käse in dünne Scheiben schneiden und auf einem Backblech bei 150° im Backofen (Mitte) ca. 5 Min. erwärmen.

SALATHERZEN MIT AVOCADO

Karibische Variante vom Caesar-Salat

B   S

FÜR DIE SALATMISCHUNG:

4 Salatherzen (z. B. Römer- oder
   Kopfsalatherzen)

1 Zitrone

2 Avocados

20 kleine Rispentomaten

40 g Cashewkerne

1 Bund Koriandergrün

1 Bund Oregano

FÜR DAS ZWIEBELDRESSING:

4 rote Zwiebeln

1 Bund Frühlingszwiebeln

1 rote Chilischote

4 Bio-Limetten

100 ml Olivenöl

4 TL Avocadoöl

4 EL Agavendicksaft

50 ml Gemüsefond

Meersalz aus der Mühle

schwarzer Pfeffer aus der Mühle

ABENDS

4 PERSONEN

30 MIN.

PRO PORTION

ca. 715 kcal,

10 g E, 62 g F, 25 g KH

Für die Salatmischung die Salatherzen in die einzelnen Blätter teilen, dabei den Strunk entfernen. Die Blätter waschen und trocken schleudern. Ein Drittel der Blätter fürs Anrichten beiseitelegen, restliche Blätter in 2 cm große Stücke schneiden. Zitrone halbieren und Saft auspressen. Avocados halbieren und entkernen. Das Fruchtfleisch mit einem Löffel aus der Schale lösen, in mundgerechte Würfel schneiden und mit Zitronensaft beträufeln. Tomaten waschen und halbieren, dabei die Stielansätze entfernen. Cashewkerne in einer Pfanne goldgelb rösten. Koriander und Oregano waschen und trocken schütteln, die Blätter abzupfen und grob schneiden.

Für das Dressing die Zwiebeln schälen und fein würfeln. Frühlingszwiebeln putzen, waschen und in feine Ringe schneiden. Chilischote längs aufschneiden, entkernen und in feine Würfel schneiden. Limetten waschen und trocken reiben, Schale abreiben und Saft auspressen. Die vorbereiteten Dressingzutaten, Oliven- und Avocadoöl, Agavendicksaft und Gemüsefond in einer Schüssel mit dem Schneebesen verrühren. Das Dressing mit Salz und Pfeffer abschmecken.

Den geschnittenen Salat mit Avocadowürfeln, Tomatenhälften und dem Dressing vorsichtig vermengen. Die übrigen ganzen Salatblätter auf Tellern blütenförmig auslegen. Den angemachten Salat mittig darauf platzieren und mit gerösteten Cashewkernen, Oregano und Koriander garnieren.

BALANCE — TIPP

Abschließend als **Vitalverstärker** 20 g Chia-Samen on top auf den Salaten verteilen.
Pro Person mit der Käsereibe 30 g Manchego als **saures Extra** auf den Salat reiben oder darüberhobeln.

SALAT IN MÖHRENDRESSING

Reich an Betacarotin und Vitamin C

B   S

FÜR DIE SALATMISCHUNG:

3 Orangen

40 g Pistazienkerne

2 Kopfsalatherzen

1 Möhre

1 rote Zwiebel

FÜR DAS DRESSING:

4 Möhren (ca. 400 g)

4 Orangen

1 Zitrone

100 ml Distelöl

20 g Chia-Samen

4 EL Agavendicksaft

Meersalz aus der Mühle

schwarzer Pfeffer aus der Mühle

MITTAGS
4 PERSONEN
40 MIN.
PRO PORTION
ca. 460 kcal,
6 g E, 32 g F, 33 g KH

Für die Salatmischung die Orangen so schälen, dass auch die weiße Innenhaut mit entfernt wird. Die Fruchtfilets mit einem scharfen Messer zwischen den einzelnen Trennhäuten herausschneiden, den dabei entstehenden Saft auffangen und für das Dressing verwenden.

Für das Dressing die Möhren putzen, gründlich waschen und mit einem Entsafter entsaften. Die Orangen und die Zitrone jeweils halbieren und den Saft auspressen. Alle gepressten Säfte in einer Schüssel mit dem aufgefangenen Orangensaft, Distelöl, Chia-Samen und Agavendicksaft verrühren. Die Saftmischung 30 Min. ziehen lassen, damit die Chia-Samen gut quellen können.

Inzwischen für die Salatmischung die Pistazien in einer Pfanne leicht rösten, dann grob hacken und abkühlen lassen. Die Salatherzen waschen, trocken schleudern und halbieren. Die Möhre putzen, schälen und mit der Gemüsereibe grob raspeln. Die Zwiebel schälen und in feine Streifen schneiden.

Das Dressing mit Salz und Pfeffer abschmecken. Salatherzen, Zwiebelstreifen und Möhre vorsichtig damit mischen. Den Salat auf Tellern anrichten und mit den Orangenfilets und den gerösteten Pistazien verfeinern.

BALANCE — TIPP

Schneiden Sie von 1 Kästchen Gartenkresse die Blättchen ab und streuen Sie diese als **Vitalverstärker** auf den Salat.
Als gut verträgliches **saures Extra** geben Sie 3 EL (ca. 30 g) Joghurt pro Person dazu.

LAUWARMER STEINPILZSALAT

Edles für Gäste

FÜR DAS DRESSING:

4 Tomaten

2 rote Zwiebeln

1 kleines Bund Basilikum

1 Zweig Salbei

50 ml Olivenöl

Meersalz aus der Mühle

schwarzer Pfeffer aus der Mühle

FÜR DIE SALATMISCHUNG:

80 g geschälte Mandeln

1 kg große Steinpilze

1 Zweig Rosmarin

1 Zweig Thymian

50 ml Olivenöl

Meersalz aus der Mühle

schwarzer Pfeffer aus der Mühle

AUSSERDEM:

Basilikum, Thymian und Rosmarin
zum Garnieren (nach Belieben)

MITTAGS
4 PERSONEN
40 MIN.
PRO PORTION
ca. 430 kcal,
19 g E, 37 g F, 5 g KH

Für das Dressing die Tomaten kreuzweise einritzen und in kochendem Wasser 10 Sek. blanchieren. Kalt abschrecken und die Haut abziehen. Die Tomaten vierteln, entkernen, von den Stielansätzen befreien und in feine Würfel schneiden. Die Zwiebeln schälen und in feine Würfel schneiden. Basilikum und Salbei waschen und trocken schütteln. Die Blätter abzupfen, in sehr feine Streifen schneiden und zu den Tomaten geben. Zwiebeln und das Olivenöl unterziehen. Die Mischung mit Salz und Pfeffer abschmecken und ziehen lassen.

Inzwischen für die Salatmischung die Mandeln in einer Pfanne goldbraun rösten, dann fein hacken. Die Steinpilze putzen und bei Bedarf mit einem Tuch abreiben, die Stiele dünn schälen. Die Pilze der Länge nach in 1 cm dicke Scheiben schneiden. Rosmarin und Thymian waschen und trocken schütteln. Das Olivenöl in einer Grillpfanne erhitzen und die Pilzscheiben mit Rosmarin und Thymian darin bei mittlerer Hitze in ca. 10 Min. von beiden Seiten goldbraun anbraten – je besser die Pilze gebraten sind, desto aromatischer.

Die Pilze mit Salz und Pfeffer würzen, auf Küchenpapier entfetten und fächerartig auf Tellern anrichten. Das Dressing darauf verteilen. Mit den Mandeln bestreuen und nach Belieben mit Basilikum, Thymian und Rosmarin garnieren.

BALANCE — TIPP

Als **Vitalverstärker** passen 100 g Rucola zum Steinpilzsalat. Den Rucola verlesen und waschen, grobe Stiele entfernen. Mit 10 g gehobeltem Ricotta salata (gesalzener Ricotta) pro Person verfeinern Sie den Salat mit einem **sauren Extra**.

CHINAKOHLSALAT MIT PAPRIKA

B ▬▬ S

Gut für den Frühherbst geeignet

FÜR DIE SALATMISCHUNG:

2 frische Zuckermaiskolben
    (ersatzweise vakuumierte Maiskol-
    ben oder ca. 200 g Maiskörner aus
    der Dose)
1 Chinakohl
2 grüne Paprikaschoten
2 Fleischtomaten
1 rote Zwiebel
1 Bund Frühlingszwiebeln
1 Bund Koriandergrün
1 Bund glatte Petersilie

FÜR DAS DRESSING:

3 Zitronen
100 ml Rapsöl
4 EL Agavendicksaft
100 ml Gemüsefond
Meersalz aus der Mühle
schwarzer Pfeffer aus der Mühle

MITTAGS
4 PERSONEN
30 MIN.
PRO PORTION
ca. 395 kcal,
7 g E, 27 g F, 28 g KH

Für die Salatmischung frische Zuckermaiskolben in kochendem Wasser ca. 10 Min. garen, herausnehmen und abkühlen lassen. Vom Chinakohl die äußeren Blätter entfernen. Den Kohl vierteln, dabei den harten Strunk herausschneiden. Die Kohlblätter in feine Streifen schneiden.

Die Paprikaschoten halbieren, entkernen, waschen und in feine Streifen schneiden. Die Tomaten waschen und in 1 cm große Würfel schneiden, dabei die Stielansätze entfernen. Die Zwiebel schälen und in feine Streifen schneiden.

Die Frühlingszwiebeln putzen, waschen und in feine Ringe schneiden. Koriander und Petersilie waschen und trocken schütteln, die Blätter abzupfen und fein hacken. Die Maiskörner mit einem Messer der Länge nach vom Kolben schneiden, zusammenhängende Körner trennen. Alle vorbereiteten Zutaten in einer Schüssel locker vermischen.

Für das Dressing die Zitronen halbieren und den Saft auspressen. Zitronensaft mit Rapsöl, Agavendicksaft und Gemüsefond mit dem Stabmixer gut verquirlen. Das Dressing mit Salz und Pfeffer abschmecken und mit den Salatzutaten in der Schüssel mischen. Den Salat auf Tellern anrichten.

BALANCE — TIPP

Mit 40 g Pekannusskernen runden Sie den Salat geschmacklich wunderbar ab und haben zugleich den optimalen **Vitalverstärker** dazu. Hacken Sie die Kerne zum Aufstreuen grob.

HIRSESALAT KISIR

Vegetarischer Eisenlieferant

B   S

FÜR DIE HIRSEMISCHUNG:

200 g Hirse

1 Zwiebel

2 EL Olivenöl

1 Lorbeerblatt

Meersalz aus der Mühle

schwarzer Pfeffer aus der Mühle

FÜR DIE GEMÜSEMISCHUNG:

1 Salatgurke

1 rote Paprikaschote

1 gelbe Paprikaschote

1 Fleischtomate

1 Bund Frühlingszwiebeln

1 kleines Bund Minze

1 kleines Bund glatte Petersilie

2 Zitronen

50 ml Olivenöl

1 Msp. gemahlener Kreuzkümmel

Meersalz aus der Mühle

schwarzer Pfeffer aus der Mühle

MITTAGS / ABENDS

4 PERSONEN

40 MIN.

PRO PORTION

ca. 390 kcal,

8 g E, 20 g F, 43 g KH

Für die Hirsemischung die Hirse in einem Sieb mit warmem Wasser abbrausen und abtropfen lassen. Die Zwiebel schälen und in feine Würfel schneiden. Das Olivenöl in einem Topf erhitzen und die Zwiebel darin glasig anschwitzen. Die Hirse, 400 ml kaltes Wasser und das Lorbeerblatt hinzufügen. Einmal gut umrühren und zum Kochen bringen. Dann zugedeckt bei schwacher Hitze 10 Min. köcheln lassen – dabei auf gar keinen Fall nochmals umrühren, damit die Hirse schön körnig bleibt! Topf vom Herd nehmen und die Hirse noch 10 Min. darin ausquellen lassen. Mit Salz und Pfeffer abschmecken und auskühlen lassen.

Für die Gemüsemischung die Gurke waschen. Die Paprikaschoten längs halbieren, entkernen und waschen. Die Tomate waschen und vom Stielansatz befreien. Alle vorbereiteten Gemüsesorten in 1 cm große Würfel schneiden. Die Frühlingszwiebeln putzen, waschen und in feine Ringe schneiden. Minze und Petersilie waschen und trocken schütteln, die Blätter abzupfen und fein hacken. Alles vermischen. Die Zitronen halbieren, den Saft auspressen und mit dem Olivenöl unter die Gemüsemischung mengen. Mit Kreuzkümmel, Salz und Pfeffer abschmecken.

Die Hirse- und die Gemüsemischung separat lassen oder vermischen und auf Tellern oder zum Mitnehmen in gut verschließbaren kleinen Einmachgläsern anrichten. Als Garnitur passen frische Minzeblätter.

BALANCE — TIPP

Zu diesem minzefrischen Salat sind 50 g Granatapfelkerne als Topping und **Vitalverstärker** die perfekte Ergänzung.

BROKKOLI-AUBERGINEN-SUPPE

Wasser und Mineralstoffe auftanken

2 violette runde Auberginen (500 g)

Meersalz aus der Mühle

1 großer Brokkoli (700 g)

2 weiße Zwiebeln

24 Kirschtomaten

1 rote Chilischote

1 Bund Basilikum

100 ml Olivenöl

2 EL Tomatenmark

1 l Gemüsefond

schwarzer Pfeffer aus der Mühle

MITTAGS / ABENDS

4 PERSONEN

40 MIN. + 20 MIN. KÖCHELN

PRO PORTION

ca. 320 kcal,

7 g E, 26 g F, 13 g KH

Auberginen putzen, waschen, in 1 cm große Würfel schneiden, mit wenig Salz bestreuen und 30 Min. in einem Sieb Wasser ziehen lassen.

Inzwischen Brokkoli putzen, waschen und in mundgerechte Röschen teilen. Zwiebeln schälen und in feine Würfel schneiden. Tomaten waschen und halbieren. Chilischote längs aufschneiden, entkernen, waschen und in feine Ringe schneiden. Basilikum waschen und trocken schütteln, Blätter abzupfen und in feine Streifen schneiden.

In einem Topf 2 EL Olivenöl erhitzen, Zwiebeln und Chili bei starker Hitze leicht bräunen. Tomatenmark kurz mitschwitzen, Gemüsefond hinzufügen. Salzen, pfeffern und aufkochen.

Auberginen trocken tupfen und in einer Pfanne im restlichen Olivenöl bei mittlerer Hitze in ca. 10 Min. rundum goldbraun braten. Mit Brokkoli, Tomaten und Basilikum in den Fond geben und alles zugedeckt bei schwacher Hitze 20 Min. köcheln lassen. Mit Salz und Pfeffer abschmecken und in tiefe Teller verteilen. Als Garnitur passt noch frisches Basilikum.

SUD VON PFIFFERLINGEN

Edle Sommersuppe

B   S

1 kg Pfifferlinge | 1 l Gemüsefond
2 weiße Zwiebeln | 50 ml Olivenöl
Meersalz aus der Mühle
schwarzer Pfeffer aus der Mühle
2 große festkochende Kartoffeln
1 Bund Frühlingszwiebeln
1 kleines Bund glatte Petersilie
3 Tomaten

MITTAGS
4 PERSONEN
45 MIN.
PRO PORTION
ca. 230 kcal,
10 g E, 15 g F, 15 g KH

Pfifferlinge mehrmals in klarem Wasser gründlich waschen. Stiele und Hüte mit einem Messer abschaben, Putzreste mit dem Fond bedeckt aufkochen. Zwiebeln schälen und fein würfeln. 1 EL Öl in einem Topf erhitzen, Zwiebeln darin leicht bräunen. Pilze kurz mitbraten, Fond durch ein Sieb dazugießen. Salzen, pfeffern und ca. 10 Min. einköcheln.

Inzwischen Kartoffeln schälen, waschen und in 1 cm große Würfel schneiden. Restliches Öl in einer Pfanne erhitzen und die Kartoffeln in ca. 10 Min. rundum goldbraun und gar braten. Mit Salz und Pfeffer würzen. Frühlingszwiebeln putzen, waschen und in feine Ringe schneiden. Petersilie waschen und trocken schütteln, Blätter abzupfen und fein hacken. Tomaten kreuzweise einritzen, 10 Sek. blanchieren, abschrecken, häuten, vierteln, entkernen und ohne Stielansätze fein würfeln. Frühlingszwiebeln, Petersilie und Tomaten unter den Sud rühren. Sud und Kartoffeln in tiefe Teller verteilen.

OFEN-ZUCCHINIRÖLLCHEN

Mediterraner Genuss

B   S

2 gelbe Zucchini (à ca. 200 g)

2 grüne Zucchini (à ca. 200 g)

ca. 80 ml Olivenöl

Meersalz aus der Mühle

schwarzer Pfeffer aus der Mühle

100 g getrocknete Tomaten

1 Bund Salbei (nach Belieben
    mit Blüten)

40 g Pistazienkerne

MITTAGS / ABENDS

4 PERSONEN

40 MIN. + 20 MIN. BACKEN

PRO PORTION

ca. 300 kcal,

5 g E, 28 g F, 5 g KH

Die Zucchini putzen, waschen und mit dem Gemüsehobel oder der Aufschnittmaschine längs in 0,5 cm dicke Scheiben schneiden. Nach und nach jeweils etwas Olivenöl in einer Grillpfanne erhitzen und die Zucchinischeiben darin portionsweise nacheinander bei starker Hitze von beiden Seiten kräftig anbraten, sodass Grillstreifen entstehen und die Zucchinischeiben gut rollbar sind. Mit Salz und Pfeffer würzen.

Die Tomaten längs halbieren. Den Salbei waschen und trocken schütteln, die Blätter abzupfen. Die Pistazien in einer Pfanne leicht rösten, anschließend grob hacken. Den Backofen auf 185° vorheizen.

Je eine Scheibe gelbe Zucchini und eine Scheibe grüne Zucchini übereinanderlegen, mit einem Salbeiblatt und einem Stück getrockneter Tomate belegen und aufrollen.

Die Zucchiniröllchen nebeneinander in eine Auflaufform setzen und im Ofen (Mitte) ca. 20 Min. backen. Zum Servieren mit den Pistazien bestreuen und nach Belieben mit Salbeiblüten garnieren.

BALANCE — TIPP

Das mediterrane Aroma des Gerichts unterstützen Sie durch das Aufstreuen von 60 g grünen Oliven als **Vitalverstärker**. Für ein zartschmelzendes **saures Extra** legen Sie 100 g Büffelmozzarella pro Person in Scheiben über die Zucchini, bevor Sie das Gemüse in den Backofen geben.

PAPRIKA MIT SESAMPESTO

Pesto auch lecker zu Tomaten

B   S

FÜR DIE PAPRIKA:

4 rote Paprikaschoten

4 gelbe Paprikaschoten

Meersalz aus der Mühle

schwarzer Pfeffer aus der Mühle

100 ml Olivenöl

1 weiße Zwiebel

1 Zweig Thymian

1 Zweig Rosmarin

FÜR DAS SESAMPESTO:

30 g heller Sesam

30 g süße Aprikosenkerne
  (aus dem Bioladen)

1 Bio-Zitrone

1 Bund Oregano

50 ml Olivenöl

Meersalz aus der Mühle

schwarzer Pfeffer aus der Mühle

MITTAGS / ABENDS

4 PERSONEN

35 MIN.

PRO PORTION

ca. 485 kcal,

6 g E, 46 g F, 10 g KH

Die Paprikaschoten waschen und die Haut mit einem Sparschäler dünn abschälen. Die Schoten längs halbieren, entkernen und in je etwa acht gleich große Stücke schneiden. Stücke mit Salz und Pfeffer würzen und mit dem Olivenöl marinieren. Die Zwiebel schälen und in Spalten schneiden. Den Thymian und den Rosmarin waschen und trocken schütteln.

Backofen auf 200° vorheizen. Eine Grillpfanne erhitzen und die Paprikastücke darin bei starker Hitze auf beiden Seiten anbraten, bis sie leicht Farbe angenommen haben. Mit der Zwiebel und den Kräutern in eine große Auflaufform geben und im Ofen (Mitte) 10 Min. weitergaren. Aus dem Ofen nehmen und auskühlen lassen.

Inzwischen für das Pesto Sesam und Aprikosenkerne nacheinander in einer Pfanne rösten, bis sie duften. Zitrone waschen und trocken reiben, Schale abreiben und Saft auspressen. Oregano waschen und trocken schütteln, die Blättchen abzupfen. Vorbereitete Pestozutaten mit dem Olivenöl in einem hohen Rührbecher mit dem Stabmixer fein pürieren. Das Pesto mit Salz und Pfeffer abschmecken. Paprikastücke auf einer Servierplatte auslegen und das Pesto darüberträufeln. Als Garnitur passen noch frische Oreganoblättchen.

BALANCE — TIPP

Mit 16 Kapern (in Meersalz) als **Vitalverstärker** schmeckt das Gericht noch etwas würziger!

Für Eiweißfans passt als **saures Extra** 40 g Ricotta salata (gesalzener Ricotta) pro Person dazu. Diesen mit dem Pesto zusammen klein gebröckelt über das gegarte Gemüse geben.

In Öl eingelegt sind die Paprikastücke ca. 1 Woche haltbar.

PILZ-SCHASCHLIK MIT QUINOA

Spieße auch für den Grill geeignet

B   S

FÜR AJVAR UND SPIESSE:

6 gelbe Paprikaschoten

2 rote Paprikaschoten

3 weiße Zwiebeln

1 Zitrone

150 ml Olivenöl

Meersalz aus der Mühle

schwarzer Pfeffer aus der Mühle

1 kg Kräuterseitlinge

1 Zweig Rosmarin

1 Zweig Thymian

FÜR DAS QUINOASOTTO:

200 g Quinoa

1 kleines Bund Frühlingszwiebeln

1 kleines Bund glatte Petersilie

2 EL Olivenöl

Meersalz aus der Mühle

schwarzer Pfeffer aus der Mühle

AUSSERDEM:

8 Schaschlikspieße (Metall oder Holz)

MITTAGS

4 PERSONEN

1 STD.

PRO PORTION

ca. 725 kcal,

23 g E, 46 g F, 51 g KH

Für das Ajvar Backofen auf 200° vorheizen. 3 gelbe und 1 rote Paprikaschote waschen, 1 Zwiebel schälen und in Spalten schneiden. Zusammen auf einem Backblech im Ofen (Mitte) in 25 Min. weich garen, dann abkühlen lassen. Zitrone halbieren und Saft auspressen. Paprikas entkernen und mit Zwiebel, 100 ml Olivenöl und Zitronensaft im Mixer fein pürieren. Mit Salz und Pfeffer abschmecken. Beiseitestellen.

Für das Quinoasotto Quinoa in einer Pfanne bei mittlerer Hitze anrösten, bis sie duftet. Mit 400 ml Wasser in einem Topf zum Kochen bringen und zugedeckt 15 Min. köcheln lassen. Vom Herd nehmen und 15 Min. ausquellen lassen.

Inzwischen für die Spieße Backofen auf 185° vorheizen. Übrige Paprikas längs halbieren, waschen und entkernen, übrige Zwiebeln schälen. Beides 2 cm groß würfeln. Pilze putzen, in 2 cm dicke Scheiben schneiden und mit dem Gemüse abwechselnd auf Spieße stecken. 2 EL Öl in einer Pfanne erhitzen, Spieße kurz darin anbraten. Mit Rosmarin und Thymian in eine ofenfeste Form legen, mit restlichem Öl beträufeln, mit Salz und Pfeffer würzen. Im Ofen (Mitte) 20 Min. garen.

Für das Quinoasotto Frühlingszwiebeln putzen, waschen und in feine Ringe schneiden. Petersilie waschen und trocken schütteln, Blätter fein hacken. Das Olivenöl in einer Pfanne erhitzen, Frühlingszwiebeln mit Petersilie darin leicht andünsten. Unter die Quinoa mischen. Quinoasotto mit Salz und Pfeffer abschmecken, auf einer Servierplatte anrichten und die Spieße darauflegen. Ajvar dazu servieren.

BALANCE — TIPP

Richten Sie das Gericht mit 100 g Rucola als **Vitalverstärker** an – Rucola verlesen und waschen, grobe Stiele entfernen.

AUBERGINEN-TOMATEN-GRATIN

B   S

Wenige Zutaten, volles Aroma

4 violette Auberginen (ca. 1 kg)

Meersalz aus der Mühle

1 Bund Basilikum

ca. 150 ml Olivenöl

schwarzer Pfeffer aus der Mühle

4 Fleischtomaten

MITTAGS / ABENDS
4 PERSONEN
40 MIN. + 20 MIN. BACKEN
PRO PORTION
ca. 415 kcal,
5 g E, 38 g F, 12 g KH

Auberginen putzen, waschen und in 1 cm dicke Scheiben schneiden. Die Scheiben leicht salzen und auf einem Sieb 30 Min. Wasser ziehen lassen.

Inzwischen das Basilikum waschen und trocken schütteln, Blätter abzupfen. Einige für die Deko beiseitelegen, den Rest mit 50 ml Olivenöl, Salz und Pfeffer im Mixer fein pürieren. Tomaten waschen, von den Stielansätzen befreien und in 1 cm dicke Scheiben schneiden. Backofen auf 185° vorheizen.

Auberginen trocken tupfen. Nach und nach das restliche Olivenöl in einer beschichteten Pfanne erhitzen, Auberginen darin portionsweise bei mittlerer Hitze in ca. 10 Min. auf beiden Seiten goldbraun braten. Abwechselnd mit den Tomaten in eine ofenfeste Form schichten. Mit Basilikumöl beträufeln und im Ofen (Mitte) ca. 20 Min. backen. Das Auberginen-Tomaten-Gratin mit Basilikumblättern garnieren.

GESCHMORTER FENCHEL

Magenschmeichler-Gemüse

8 Tomaten

2 weiße Zwiebeln

2 rote Chilischoten

1 Bund Oregano

4 EL Olivenöl

32 grüne Oliven (ohne Stein)

Meersalz aus der Mühle

schwarzer Pfeffer aus der Mühle

4 Knollen Fenchel

MITTAGS / ABENDS

4 PERSONEN

40 MIN. + 35 MIN. BACKEN

PRO PORTION

ca. 125 kcal,

4 g E, 14 g F, 7 g KH

Tomaten waschen, von den Stielansätzen befreien und in 1 cm große Würfel schneiden. Zwiebeln schälen und in feine Würfel schneiden. Chilischoten waschen, vom Stielansatz befreien und mit Kernen in feine Ringe schneiden. Oregano waschen und trocken schütteln, Blätter abzupfen und fein hacken. 2 EL Olivenöl in einem Topf erhitzen, Zwiebel und Chiliringe darin anbraten, bis sie Farbe bekommen. Tomaten, Oregano und Oliven dazugeben. Mit Salz und Pfeffer würzen und zugedeckt bei schwacher Hitze 20 Min. köcheln lassen.

Inzwischen Backofen auf 175° vorheizen. Eine ofenfeste Form mit restlichem Olivenöl fetten. Fenchel putzen und waschen, das Grün beiseitelegen. Knollen (evtl. mit dem Sparschäler schälen) achteln, in die Form legen und mit Salz und Pfeffer würzen. Tomatensugo darauf verteilen. Fenchel im Ofen (Mitte) in 35 Min. weich backen. Falls er zu stark bräunt, mit Alufolie abdecken. Fenchelgrün hacken und daraufstreuen.

QUINOATALER MIT GEMÜSE

Schmeckt auch kalt

B   S

FÜR DAS GEMÜSERAGOUT:

1 Aubergine (ca. 250 g)

Meersalz aus der Mühle

2 weiße Zwiebeln

2 Fleischtomaten

1 Zucchino (ca. 200 g)

1 kleines Bund Oregano

50 ml Olivenöl

schwarzer Pfeffer aus der Mühle

FÜR DIE QUINOATALER:

1 Zwiebel

150 g Quinoa

ca. 100 ml Olivenöl

1 Lorbeerblatt

1 TL mildes Currypulver

Meersalz aus der Mühle

schwarzer Pfeffer aus der Mühle

MITTAGS / ABENDS

4 PERSONEN

50 MIN.

PRO PORTION

ca. 520 kcal,

8 g E, 40 g F, 30 g KH

Für das Ragout Aubergine putzen, waschen und 1 cm groß würfeln. Leicht salzen und in einem Sieb ca. 30 Min. Wasser ziehen lassen. Inzwischen für die Taler Zwiebel schälen und fein würfeln. Quinoa in einem Topf bei mittlerer Hitze leicht rösten. Zwiebel und 2 EL Olivenöl dazugeben und kurz mitschwitzen. 450 ml kaltes Wasser, Lorbeerblatt und Curry-pulver unterrühren. Zugedeckt bei schwacher Hitze 15 Min. köcheln lassen – dabei nicht rühren, damit die Quinoa körnig bleibt! Vom Herd nehmen, lauwarm abkühlen lassen.

Für das Ragout Zwiebeln schälen und fein würfeln. Tomaten waschen und von den Stielansätzen befreien, Zucchino putzen und waschen. Beides in 1 cm große Stücke schneiden. Oregano waschen und trocken schütteln, Blätter abzupfen und fein hacken. Olivenöl in einer beschichteten Pfanne er-hitzen und Auberginen darin bei mittlerer Hitze in ca. 10 Min. rundum goldbraun braten. Herausnehmen und auf Küchen-papier entfetten. Zwiebel im in der Pfanne verbliebenen Öl glasig schwitzen. Zucchino, Tomaten sowie Oregano hinzufü-gen und alles offen ca. 10 Min. sämig einköcheln. Auberginen untermischen, alles mit Salz und Pfeffer abschmecken.

Während das Ragout köchelt, Quinoamasse mit Salz und Pfeffer abschmecken. Mit den Händen kleine, ca. 2 cm dicke Bratlinge formen, diese in einer großen Pfanne im restlichen Öl bei mittlerer Hitze in ca. 8 Min. beidseitig goldbraun bra-ten. Mit dem Ragout auf Tellern anrichten, nach Belieben mit frischen Kräutern garnieren.

BALANCE — TIPP

Verteilen Sie 30 g in der Pfanne geröstete Mandelstifte als **Vitalverstärker** auf dem Gericht.

SAFTIGE POLENTASCHNITTEN

Auch bei Kindern beliebt

FÜR DIE POLENTASCHNITTEN:

1 l Gemüsefond

250 g Polenta (Maisgrieß)

Meersalz aus der Mühle

schwarzer Pfeffer aus der Mühle

1 Msp. frisch geriebene Muskatnuss

ca. 5 EL Olivenöl zum Braten

FÜR DAS GEMÜSE:

2 rote Zwiebeln

2 rote Paprikaschoten

2 gelbe Paprikaschoten

2 Zucchini (à ca. 200 g)

4 EL Olivenöl

Meersalz aus der Mühle

schwarzer Pfeffer aus der Mühle

1 Zweig Thymian

1 Zweig Rosmarin

MITTAGS / ABENDS
4 PERSONEN
40 MIN. + 1 STD. KÜHLEN
PRO PORTION
ca. 485 kcal,
10 g E, 24 g F, 56 g KH

Für die Polentaschnitten den Gemüsefond in einen großen Topf geben. Die Polenta unter ständigem Rühren einrieseln lassen und zum Kochen bringen. Dann unter ständigem Rühren bei schwacher Hitze ca. 10 Min. köcheln, bis der Grieß bindet und sich ein goldbrauner Film auf dem Topfboden bildet. Polenta mit Salz, Pfeffer und Muskatnuss abschmecken. Ein Backblech mit Backpapier belegen und die Polenta darauf gleichmäßig glatt streichen. Polenta abkühlen lassen, dann mindestens 1 Std. kalt stellen.

Für das Gemüse ein Backblech mit Backpapier belegen. Den Backofen auf 200° vorheizen. Die Zwiebeln schälen und in 1 cm dicke Scheiben schneiden. Die Paprikaschoten nach Belieben mit einem Sparschäler schälen. Die Schoten halbieren, entkernen, waschen und in ca. 2 cm große Stücke schneiden. Die Zucchini putzen, waschen und in 2 cm dicke Scheiben schneiden. Das Gemüse mit dem Olivenöl vermischen, mit Salz sowie Pfeffer würzen und auf dem Blech verteilen. Thymian und Rosmarin waschen und darauflegen. Das Gemüse im Ofen (Mitte) ca. 20 Min. backen, bis es Farbe annimmt.

Inzwischen die Polenta in ca. 5 cm große Quadrate schneiden. Etwas Olivenöl in einer Grillpfanne erhitzen und die Polentaschnitten darin portionsweise beidseitig goldbraun braten, bei Bedarf noch etwas Öl in die Pfanne geben. Polentaschnitten auf Teller verteilen und das Gemüse anlegen.

BALANCE — TIPP

Ideal als **Vitalverstärker** passt Rucola zu den Polentaschnitten. Dafür 100 g Rucola verlesen, waschen, trocken schleudern und von den groben Stielen befreien.

BASISCHE — HERBSTKÜCHE

Zum letzten Mal zeigt die Natur nun ihre ganze Farbenpracht. Die Sonne entfaltet tagsüber nochmals ihre ganze Kraft und lässt Gemüse und Obst zu ihrem vollen Aroma ausreifen, die Nächte werden schon kühl – der Herbst hält Einzug. Jetzt findet in der Natur ein großer Umbruch statt: Die Pflanzen sammeln ihre Energie während der kalten Jahreszeit in den Wurzeln und Samen, um diese Energie im Frühling wieder zum Leben zu erwecken. Auch unser Körper bereitet sich langsam auf die bevorstehende kalte Jahreszeit vor und wir bekommen nun verstärkt Lust auf Speisen, die den Körper schon beim Essen wärmen. Und so beginnt die Zeit für Energie spendende Wurzelgemüse, Kürbisse oder Kartoffeln, die zu Salaten, Suppen, Eintöpfen oder Ofengerichten verarbeitet unseren Säure-Basen-Haushalt im Gleichgewicht halten.

NATUR IM WANDEL

Im Herbst bereitet sich die Natur langsam auf den Winter vor und das Laub der Bäume verfärbt sich zunächst leuchtend bunt, bevor es abgeworfen wird. Sobald die Temperaturen fallen, erhalten die Pflanzen das Signal, den grünen Pflanzenfarbstoff Chlorophyll abzubauen, aufgrund des geringeren Sonnenlichts wird im Herbst die Chlorophyllbildung unterbrochen. Da die Bäume im Winter aus dem gefrorenen Boden kein Wasser ziehen können, schneiden sie die Blätter im Herbst von der Wasser- und Nährstoffversorgung ab – die Blätter verfärben sich, welken und fallen ab. So können die Pflanzen ihre Kräfte sparen und in Ruhe aufs nächste Frühjahr warten. Das gefallene Herbstlaub sorgt dafür, dass wichtige Nährstoffe wieder zurück in den Boden gelangen und die Pflanzen mit Beginn der neuen Wachstumsperiode im Frühjahr wieder gut versorgt sind.

STOFFWECHSEL IM UMBRUCH

Die Natur reduziert langsam, aber stetig ihre Aktivität. Auch an unserem Körper können wir diesen Übergang von der warmen zur kalten Jahreszeit beobachten: Aufgrund der zunehmenden Kühle fährt unser Körper den Stoffwechsel herunter, er wird schlechter durchblutet und versorgt. Die kalten Temperaturen machen uns anfälliger für Infektionen, insbesondere bei wechselhaftem Wetter und wenig Sonnenschein. Laut dem indischen Ayurveda ist in den Übergangsphasen von heiß zu kalt das Agni, das Verdauungsfeuer, oft sehr instabil. Die Heizungsluft trocknet die Schleimhäute der Atemwege aus und hemmt so den stetigen Abfluss von Sekreten, mit denen Erreger sonst ausgeschnupft oder in den Magen gespült und dort von der Magensäure abgetötet werden. So können Viren sich in den Schleimhäuten festsetzen und diese großflächig befallen oder sich

WOCHENMARKT — TIPP

Gemüse: Blumenkohl, Bohnen, Brokkoli, Chinakohl, Eisbergsalat, Endivien, Feldsalat, Fenchel, Herbstrübchen, Kohlrabi, Kopfsalat, Knollensellerie, Kürbis, Lauch, Möhren, Paprikaschoten, Pastinaken, Petersilienwurzeln, Radicchio, Rosenkohl, Rote Bete, Rotkohl, Schwarzwurzeln, Spinat, Staudensellerie, Süßkartoffeln, Tomaten, Waldpilze, Weißkohl, Zwiebeln

Obst/Nüsse: Äpfel, Birnen, Brombeeren, Feigen, Granatäpfel, Grapefruit, Maronen (Esskastanien), Mirabellen, Orangen, Physalis, Preiselbeeren, Quitten, Trauben, Walnüsse, Zwetschgen

schlimmstenfalls über das Blut bis ins Innerste des Körpers ausbreiten. Im Herbst versucht unser Stoffwechsel sich der Umstellung von der warmen auf die kalte Jahreszeit anzupassen. Nicht immer jedoch gelingt dies reibungslos, weshalb die Hilfe aus der Natur in Form von basenreichen Lebensmitteln gerade recht kommt. Denn das herbstliche Nahrungsangebot ist reich an wertvollen Basen, die uns helfen, die kalte Jahreszeit zu genießen und gut zu überstehen.

HERBST IST ERNTEZEIT

So weit das Auge reicht, finden Sie im Herbst auf Wochenmärkten, in Gemüsegeschäften und auch in den Regalen von Supermärkten eine Fülle an heimischen Obst- und Gemüsesorten. Mit dieser Vielfalt können Sie jetzt die Auswahl Ihrer Rezepte optimal der Natur anpassen. Ist es an einem Tag draußen noch warm und sonnig, dann erhöhen Sie einfach den Anteil von Salat auf Ihrem Speisezettel und erfreuen sich noch an den letzten saftigen Beerenfrüchten, bevor der Herbst so richtig einsetzt. Haben Sie dann einen Tag getroffen, an dem es nass, kalt und trüb ist, sollten Sie eher auf wärmende Lebensmittel zurückgreifen und mehr gekochte Gerichte statt Rohkost verzehren. So profitiert Ihr Körper auch in der Übergangszeit von der abwechslungsreichen Basenküche.

ZEIT FÜR KÜRBIS

BUTTERNUT ist birnenförmig mit hellbeiger Schale, er wird 1–2 kg schwer. Da er nur wenig Kerne enthält, liefert er viel Fruchtfleisch. Sein helloranges Fruchtfleisch hat ein feines Butteraroma, daher auch sein Name. Butternut eignet sich für alle Zubereitungen. Die Schale ist zwar eher fest, kann aber mitverwendet werden.

MUSKAT-KÜRBIS kann bis zu 20 kg wiegen und ist stark gerippt. Seine Farben reichen von dunkelgrün bis beige-hellbraun. Das Fruchtfleisch ist gelb bis orange. Mit seinem dezent fruchtig-säuerlichen Aroma schmeckt er hervorragend in gut gewürzten Suppen, Eintöpfen und Salaten. Die harte Schale wird entfernt.

HOKKAIDO zeichnet sich durch seine kräftig orangefarbene Schale und das orange Fruchtfleisch aus, er wird ca. 1–2 kg schwer. Sein leicht nussiger Geschmack passt zu nahezu allen Zubereitungsarten. Da er zudem sehr wenig Fasern enthält und auch die Schale mitverwendet werden kann, eignet sich Hokkaido hervorragend zum Pürieren, z. B. für Suppen.

PATISSONS erinnern von der Form an eine Bischofs- oder Kaisermütze. Der Kürbis mit 10-25 cm Durchmesser kann zwischen 300 g und 2 kg wiegen und weiß, grün, gelb oder zweifarbig sein. Kleine Varianten schmecken oft süßlich, größere meist neutral. Patissons eignen sich wegen ihrer Optik gut zum Füllen. Die Schale ist nur bei kleinen Exemplaren essbar!

100 g

Kürbis enthalten 300 mg Kalium, das zur Regulierung des Blutdrucks und damit zur Herzgesundheit beiträgt.

Die **TRADITIONELLE CHINESISCHE MEDIZIN** empfiehlt Kürbis wegen seiner aufbauenden, abwehrstärkenden Wirkung therapeutisch bei Magen-Darm-Erkrankungen, Herz- und Nierenleiden. In der Naturheilkunde kommen auch Kürbiskerne zum Einsatz. Mit ihrem hohen Gehalt an Vitamin E und Fettbegleitstoffen wird ihnen eine stärkende Wirkung auf die Blasenmuskulatur zugesprochen.

RUNDUM GESUND

Kürbis gehört zu den Gemüsesorten mit dem höchsten Betacarotingehalt. Betacarotin verleiht dem Kürbis nicht nur die orangene Farbe, sondern wirkt im menschlichen Körper auch als natürlicher Zellschutz und kann z. B. der vorzeitigen Hautalterung entgegenwirken. Außerdem wird aus dem Farbstoff das für die Sehkraft wichtige Vitamin A gebildet. Viele weitere Vitamine wie B1, B2, B6, C, E und Folsäure, Mineralstoffe wie Magnesium, Eisen und Phosphor sowie reichlich Ballaststoffe runden das Nährstoffprofil ab.

KÜRBISSALAT MIT APFEL

Gut durchgezogen noch besser

B   S

FÜR DIE SALATMISCHUNG:

1 kleiner Muskat-Kürbis (ca. 1,2 kg)
2 säuerliche Äpfel (z. B. Kanzi)
2 süße Birnen (z. B. Williams Christ)
8 getrocknete Pflaumen

FÜR DAS DRESSING:

1 weiße Zwiebel
15 g Ingwer
2 Bio-Zitronen
4 TL Agavendicksaft
2 EL Rapsöl
1 gestrichener TL fruchtig-scharfes
    Currypulver (z. B. Madrocas)
Meersalz aus der Mühle
schwarzer Pfeffer aus der Mühle

MITTAGS
4 PERSONEN
30 MIN. + 1 STD. ZIEHEN
PRO PORTION
ca. 200 kcal,
3 g E, 6 g F, 31 g KH

Für die Salatmischung den Kürbis vierteln, entkernen und schälen. Das Kürbisfruchtfleisch auf der Gemüsereibe grob raspeln. Die Äpfel und die Birnen waschen. Von 1 Apfel und 1 Birne das Fruchtfleisch mitsamt Schale auf der Gemüsereibe bis auf das Kerngehäuse grob raspeln. Die geraspelten Zutaten in einer Schüssel mischen.

Den übrigen Apfel und die übrige Birne jeweils vierteln, entkernen und in 1 cm große Würfel schneiden. Die Pflaumen ebenfalls in 1 cm große Würfel schneiden und mit den Apfel- und Birnenwürfeln unter die Kürbismischung mengen.

Für das Dressing die Zwiebel schälen und in feine Würfel schneiden. Den Ingwer schälen und fein reiben. Die Zitronen waschen und trocken reiben, die Schale abreiben und den Saft auspressen. Zwiebel, Ingwer, Zitronenschale und -saft mit Agavendicksaft, Rapsöl und Currypulver gut verrühren. Das Dressing mit Salz und Pfeffer abschmecken.

Das Dressing über die Kürbismischung geben und alles vorsichtig vermengen. Den Salat zugedeckt mindestens 1 Std. ziehen lassen, er kann auch am Vortag zubereitet werden.

BALANCE — TIPP

Was könnte hier besser als **Vitalverstärker** passen als Kürbiskerne oder Kürbiskernöl? Rösten Sie 40 g Kürbiskerne in einer Pfanne an, bis sie aromatisch duften, streuen Sie sie auf den Salat und beträufeln Sie diesen mit 4 EL Kürbiskernöl. 30 g Roquefortkäse pro Person sind ein feines **saures Extra**, das die Säure-Basen-Balance nicht zum Kippen bringt. Den Käse einfach über den Salat bröseln.

KÜRBIS-KOKOS-SUPPE

Leichte Suppe für jeden Tag

B ⎯⎯⎯⎯⎯⎯⎯ S

1 großer Hokkaido-Kürbis (ca. 1 kg)

2 weiße Zwiebeln

1 rote Chilischote

50–60 ml Sojasauce

50 ml Rapsöl

15 g Ingwer

1 l Kokosmilch (für eine fettärmere
  Variante je zur Hälfte Kokosmilch
  und Kokoswasser mischen)

500 ml Gemüsefond

2 gehäufte TL gelbe Thai-Currypaste
  (z. B. aus dem Asialaden)

2 EL geröstetes Sesamöl

2 EL Agavendicksaft

Meersalz aus der Mühle

1 Bund Koriandergrün

MITTAGS / ABENDS

4 PERSONEN

40 MIN.

PRO PORTION

ca. 835 kcal,
14 g E, 67 g F, 47 g KH

Den Backofen auf 185° vorheizen, ein Backblech mit Backpapier belegen. Den Kürbis waschen und halbieren, die Kerne und Fasern mit einem Löffel entfernen. Das Fruchtfleisch mitsamt Schale in ca. 3 cm große Stücke schneiden. Die Zwiebeln schälen und ebenfalls in Stücke schneiden. Die Chilischote längs aufschneiden, entkernen, waschen und klein schneiden. Vorbereitete Zutaten auf dem Backpapier mit 50 ml Sojasauce und dem Rapsöl gut mischen. Gemüse im Ofen (Mitte) in 25 Min. weich garen und leicht braun rösten.

Inzwischen den Ingwer schälen und fein reiben. Die Kokosmilch mit dem Gemüsefond in einem großen Topf aufkochen. Currypaste, Sesamöl und Ingwer hinzufügen und alles zugedeckt ca. 15 Min. köcheln lassen. Die gegarte Kürbismischung heiß dazugeben und alles mit dem Stabmixer fein und sämig pürieren. Den Agavendicksaft unterrühren und die Suppe mit etwas Sojasauce und Salz abschmecken.

Den Koriander waschen und trocken schütteln, die Blätter nach Belieben grob oder fein hacken. Die Suppe in Suppenschalen anrichten und mit Koriander bestreuen.

BALANCE — TIPP

Frische Kokosmilch ist basischer als Dosenware. Für ca. 1 l Milch 250–500 g Kokosfleisch (je nach gewünschter Cremigkeit) fein raspeln (ersatzweise getrocknete Kokosraspel verwenden) und mit 1 l kochend heißem Wasser sehr fein pürieren. Durch ein mit einem sauberen Küchentuch ausgelegtes Sieb laufen lassen und ausdrücken, die Milch auffangen. Die optimalen **Vitalverstärker** sind 30 g Sojasprossen oder 20 g Kokosraspel. Die Sprossen in einem Sieb abbrausen und gut abtropfen lassen.

GEBACKENER HOKKAIDO

Ganz einfach zuzubereiten

B   S

FÜR DEN KÜRBIS:

2 Hokkaido-Kürbisse (ca. 1,6 kg)

3 weiße Zwiebeln

50 ml Sonnenblumenöl

Meersalz aus der Mühle

schwarzer Pfeffer aus der Mühle

1 gestrichener TL Currypulver (nach
   Belieben mild oder scharf)

FÜR DEN SALAT:

1 Friséesalat

1 weiße Zwiebel

3 Zitronen

50 ml Distelöl

4 EL Agavendicksaft

Meersalz aus der Mühle

schwarzer Pfeffer aus der Mühle

MITTAGS

4 PERSONEN

40 MIN.

PRO PORTION

ca. 500 kcal,

7 g E, 27 g F, 64 g KH

Für den Kürbis den Backofen auf 185° vorheizen. Ein Backblech mit Backpapier belegen. Die Kürbisse waschen und
vierteln, die Kerne und Fasern mit einem Löffel entfernen.
Die Zwiebeln waschen und mit der Schale von oben her mit
einem Messer sechsfach einschneiden, sodass die Zwiebel
wie eine Seerosenblüte aussieht. Die Kürbisviertel und die
Zwiebeln rundum mit etwa der Hälfte des Sonnenblumenöls
einpinseln und mit Salz, Pfeffer sowie dem Currypulver würzen. Kürbis und Zwiebeln auf dem Backpapier verteilen und
im Ofen (Mitte) in ca. 25 Min. weich und leicht braun backen.

Inzwischen für den Salat vom Frisée die äußeren Blätter und
den harten Strunk entfernen, den Salat in die einzelnen Blätter
teilen. Blätter waschen, gut trocken schleudern und grob
schneiden. Für das Dressing die Zwiebel schälen und in feine
Würfel schneiden. Zitronen halbieren, den Saft auspressen
und mit Distelöl, Agavendicksaft und Zwiebel verrühren. Das
Dressing mit Salz und Pfeffer abschmecken.

Das Gemüse aus dem Ofen nehmen. Von den Zwiebeln die
Schalen entfernen, die Zwiebeln in die einzelnen Segmente
teilen. Das restliche Sonnenblumenöl in einer Pfanne erhitzen
und die Zwiebelstücke darin bei mittlerer Hitze rundum leicht
braun braten, mit Salz würzen. Die Kürbisviertel auf Teller
verteilen und mit den Zwiebeln belegen. Den Friséesalat mit
dem Dressing vermischen und daneben anrichten.

BALANCE — TIPP

Mit den Blättchen von 1 Kästchen Gartenkresse und
10 g Schwarzkümmelsamen als **Vitalverstärker** bringen Sie
gleich noch etwas mehr Farbe auf den Teller.
Als **saures Extra** sorgen 60 g Kräuterquark pro Person für
eine Portion Eiweiß.

BUTTERNUT AUS DEM OFEN

Herzgesundes Fett aus Walnüssen

FÜR DEN KÜRBIS:

2 Butternut-Kürbisse (ca. 1,6 kg)
1 EL Rapsöl
2 TL Agavendicksaft
Meersalz aus der Mühle
schwarzer Pfeffer aus der Mühle
1 EL Walnussöl

FÜR DAS KÜRBISKERNPESTO:

1 kleines Bund Minze
1 kleines Bund Zitronenmelisse
1 rote Chilischote
40 g Kürbiskerne
40 g Walnusskerne
100 ml Walnussöl
Meersalz aus der Mühle
schwarzer Pfeffer aus der Mühle

MITTAGS / ABENDS
4 PERSONEN
40 MIN.
PRO PORTION
ca. 485 kcal,
7 g E, 41 g F, 30 g KH

Für den Kürbis den Backofen auf 185° vorheizen. Die Kürbisse waschen und halbieren, die Kerne und Fasern mit einem Löffel entfernen. Das Rapsöl mit Agavendicksaft verrühren, die Mischung mit Salz und Pfeffer würzen. Die Kürbishälften rundum mit der Ölmischung einpinseln und auf ein Backblech legen. Im Ofen (Mitte) in ca. 30 Min. weich backen.

Inzwischen für das Pesto Minze und Zitronenmelisse waschen und trocken schütteln, die Blätter abzupfen. Die Chilischote längs halbieren, entkernen, waschen und in kleine Stücke schneiden. Kräuter und Chilischote mit Kürbiskernen, Walnusskernen und Walnussöl im Mixer oder in einem hohen Rührbecher mit dem Stabmixer nicht zu fein pürieren. Das Pesto mit Salz und Pfeffer abschmecken.

Die gegarten Kürbishälften mit dem Walnussöl beträufeln, auf Teller verteilen und mit dem Pesto beträufelt servieren. Dazu passt eine Garnitur aus Minze- oder Melisseblättchen.

BALANCE — TIPP

Bestreuen Sie die Kürbisse zum Servieren mit 30 g frischen Zwiebelwürfeln und 1 Msp. Chilipulver als **Vitalverstärker**. Wenn es nicht hundertprozentig basisch sein muss, passen als **saures Extra** 20 g Parmesan pro Person dazu.

KÜRBISGRÖSTEL MIT MARONEN

Reich an Betacarotin

250 g frische Maronen (ersatzweise
    200 g gekochte, geschälte und
    vakuumierte Maronen)

2 frische Zuckermaiskolben (ersatz-
    weise ca. 200 g Maiskörner aus
    der Dose)

16 gelbe Patissons (Mini-Kürbisse
    à ca. 50 g; ersatzweise 1 Hokkai-
    do-Kürbis)

16 grüne Patissons (Mini-Kürbisse
    à ca. 50 g; ersatzweise 1 Zucchino)

2 rote Zwiebeln

1 kleines Bund Frühlingszwiebeln

1 kleines Bund Estragon

1 Zweig Thymian

2 EL Sonnenblumenöl

1 EL Haselnussöl

Meersalz aus der Mühle

schwarzer Pfeffer aus der Mühle

frisch geriebene Muskatnuss

MITTAGS / ABENDS
4 PERSONEN
45 MIN. + 20 MIN. GAREN
PRO PORTION
ca. 400 kcal,
11 g E, 10 g F, 72 g KH

Frische Maronen kreuzweise einschneiden und in kochendem Wasser 15–20 Min. garen, in ein Sieb abgießen. Die
Schale und die darunterliegende Haut entfernen. Die Maiskolben in kochendem Salzwasser 10 Min. garen. Herausnehmen
und abtropfen lassen. Die Körner mit einem großen Messer
der Länge nach von den Kolben schneiden.

Die Patissons waschen, die Stielansätze abschneiden. Die
Patissons jeweils in drei Scheiben schneiden. Die Zwiebeln
schälen und in feine Streifen schneiden. Die Frühlingszwiebeln putzen, waschen und in feine Ringe schneiden. Den Estragon waschen und trocken schütteln, die Blätter abzupfen.
Thymian waschen und trocken schütteln.

Die Hälfte des Sonnenblumenöls in einer großen Pfanne erhitzen. Die Kürbisscheiben darin bei starker Hitze von beiden
Seiten in ca. 8 Min. leicht braun braten, dann aus der Pfanne
nehmen. Restliches Sonnenblumenöl in der Pfanne erhitzen
und Maronen, Mais sowie Thymian darin bei mittlerer Hitze
leicht braun braten. Zwiebeln, Kürbis, Fühlingszwiebeln, Estragon und Haselnussöl dazugeben und alles unter Wenden
kurz weiterbraten. Mit Salz, Pfeffer und Muskat abschmecken. In Pastatellern servieren.

BALANCE — TIPP

Maronen liefern wie Nüsse viele Mineralstoffe und Vitamine,
sind im Vergleich zu diesen aber wesentlich fettärmer.
Als **Vitalverstärker** 40 g Leinsamensprossen (selbst gezogen)
abbrausen, abtropfen lassen und über das Gröstel streuen.
Vor dem Abschmecken 20 g Crème fraîche pro Person als
saures Extra unterrühren.

FRÜHSTÜCK IM HERBST

Jetzt zählt vor allem eins: Sich so langsam fit machen für die kalte Jahreszeit, denn die letzten warmen Herbsttage stehen an und das Klima wird rauer. Mit seiner Wechselhaftigkeit, Kälte und dem vermehrten Wind bringt der Herbst uns ordentlich durcheinander und sorgt für körperliche Unruhe. An feuchten, regnerischen Tagen kommt so manch einer nur noch schwer aus dem Bett, fühlt sich antriebslos, hat verschleimte Atemwege oder wird von dumpfen Kopfschmerzen geplagt.

DEM KÖRPER BASENREICH AUF DIE SPRÜNGE HELFEN

Damit auch der Körper gut auf den Wechsel zum Winter vorbereitet ist, sollten wir ihn ein wenig unterstützen. Was könnte da besser sein als ein basischer Start in den Tag mit dem herbstlichen Angebot aus Nüssen und Obst der Saison? Diese Zutaten liefern uns kraftvolle und aufbauende Basen, spenden Energie und sind reich an Mineralstoffen und Vitaminen.

IMMUNBOOSTER-SMOOTHIE

B   S

2 Möhren (ca. 200 g) | 2 Äpfel |
1 Orange | 200 ml Sanddornsaft |
1 EL Agavendicksaft

2 PERSONEN | 10 MIN.
Pro Portion ca. 145 kcal,
3 g E, 7 g F, 23 g KH

———————————————————————

Die Möhren putzen, unter fließendem Wasser mit der Gemüsebürste gründlich abbürsten und in ca. 3 cm große Stücke schneiden. Die Äpfel waschen, vierteln und entkernen. Die Orange halbieren und den Saft auspressen.

Möhren, Äpfel und Orangensaft mit Sanddornsaft und Agavendicksaft im Mixer sämig pürieren. Den Smoothie in Becher oder Gläser füllen, nach Belieben Möhrenstreifen auf Holzspieße stecken und als Deko darauflegen. Den Smoothie sofort genießen.

BALANCE — TIPP

Mit seinem ungewöhnlich hohen Gehalt an Vitamin C sind Sanddornbeeren unschlagbar, wenn es darum geht, unsere Abwehrkräfte zu stärken.

BASENMÜSLI
MIT CRUNCH

B   S

2 reife Bananen | 2 Äpfel | 2 Datteln |
3 Walnüsse | 1 EL Agavendicksaft |
½ Zitrone | 4 TL Erdmandelflocken (auf
www.basenfasten.de/shop oder aus
dem Bioladen bzw. Reformhaus)

2 PERSONEN | 10 MIN.
Pro Portion ca. 265 kcal,
4 g E, 6 g F, 48 g KH

Bananen schälen und in Scheiben
schneiden. Äpfel waschen und in kleine
Stücke schneiden, dabei entkernen. Die
Datteln klein schneiden.

Walnüsse knacken, Kerne herauslösen
und grob hacken. Mit dem Agavendicksaft in einer beschichteten Pfanne kurz
rösten. Den Saft der Zitrone auspressen.

Alle vorbereiteten Zutaten mit den
Erdmandelflocken vermischen. Das
Basenmüsli in Schälchen anrichten.

BALANCE —— TIPP
Verteilen Sie 1 TL Goji-Beeren als **Vitalverstärker**
auf dem Basenmüsli.

OVERNIGHT-HIRSE
MIT LEINSAMEN

B   S ▪

6 EL Hirseflocken | 200 ml Mandeldrink
(ungesüßt) | Mark von 1 Vanilleschote |
1 EL Leinsamen | 2 Bananen | 1 EL Bir-
nendicksaft | 2 Pflaumen

2 PERSONEN | 15 MIN.
+ 12 STD. QUELLEN
Pro Portion ca. 335 kcal,
8 g E, 5 g F, 62 g KH

Die Hirseflocken mit dem Mandeldrink
verrühren. Die Mischung zugedeckt im
Kühlschrank 12 Std. quellen lassen, am
besten über Nacht.

Vanille und Leinsamen unter die Hirse-
masse rühren. Die Bananen schälen, mit
einer Gabel zerdrücken und zusammen
mit dem Birnendicksaft unter die Hirse-
masse mischen. Die Pflaumen waschen,
halbieren, entsteinen und in mundgerechte Stücke schneiden.

Die Hirsemischung abwechselnd mit
den Pflaumen in Schälchen schichten,
dabei mit Hirse beginnen und mit Pflaumen als Deko abschließen.

EICHBLATT MIT MARONEN

B   S

Macht viel her

FÜR DIE SALATMISCHUNG:

250 g frische Maronen (ersatzweise
    200 g gekochte, geschälte und
    vakuumierte Maronen)
1 großer Eichblattsalat
100 g kernlose weiße Trauben
100 g kernlose rote Trauben
40 g Walnusskerne
1 EL Rapsöl
1 EL Walnussöl
Meersalz aus der Mühle
schwarzer Pfeffer aus der Mühle

FÜR DAS DRESSING:

1 Bund Kerbel
3 Schalotten
3 Zitronen
70 ml Walnussöl
4 EL Agavendicksaft
Meersalz aus der Mühle
schwarzer Pfeffer aus der Mühle

MITTAGS
4 PERSONEN
35 MIN. + 20 MIN. GAREN
PRO PORTION
ca. 450 kcal,
6 g E, 36 g F, 37 g KH

Frische Maronen kreuzweise einschneiden und in kochendem Wasser 15–20 Min. garen. In ein Sieb abgießen. Die Schale und die darunterliegende Haut entfernen.

Vom Eichblattsalat die äußeren Blätter und den harten Strunk entfernen, den Salat in die einzelnen Blätter teilen. Die Salatblätter waschen und trocken schleudern. Die Trauben waschen, von den Stielen zupfen und jeweils halbieren. Die Walnusskerne grob hacken.

Das Rapsöl in einer Pfanne erhitzen und die Maronen darin bei mittlerer Hitze ca. 5 Min. unter gelegentlichem Wenden goldgelb anbraten.

Inzwischen nebenher für das Dressing den Kerbel waschen und trocken schütteln, die Blätter abzupfen und fein hacken. Die Schalotten schälen und in feine Würfel schneiden. Die Zitronen halbieren und den Saft auspressen. Zitronensaft, Walnussöl und Agavendicksaft gut verrühren. Kerbel und Schalotten untermengen und das Dressing mit Salz und Pfeffer abschmecken.

Die Maronen mit Walnussöl beträufeln und mit Salz und Pfeffer würzen. Den Eichblattsalat vorsichtig mit dem Dressing vermischen und auf Teller verteilen. Traubenhälften, Walnüsse und die heißen Maronen dekorativ darauf anrichten.

BALANCE — TIPP

Wer mag, verteilt als **Vitalverstärker** 16 Kapuzinerkresseblüten auf den angerichteten Salaten.
Ein würziges **saures Extra** ist Roquefortkäse. Bröseln Sie pro Person 30 g davon mit den Fingern über den Salat.

KÜRBIS-BOHNEN-SALAT

Am nächsten Tag noch besser

400 g Bobby-Bohnen (ersatzweise
    breite Bohnen oder Prinzess-
    bohnen)
1 kleines Bund Bohnenkraut (ersatz-
    weise Thymian)
Meersalz aus der Mühle
1 Hokkaido-Kürbis (ca. 1,2 kg; ersatz-
    weise 1 kleiner Gartenk-Krbis)
2 rote Zwiebeln
1 kleines Bund glatte Petersilie
20 g Kürbiskerne
40 g getrocknete Tomaten
50 ml Olivenöl
schwarzer Pfeffer aus der Mühle
frisch geriebene Muskatnuss
3 Zitronen

MITTAGS / ABENDS
4 PERSONEN
45 MIN. + 20 MIN. ZIEHEN
PRO PORTION
ca. 255 kcal,
6 g E, 16 g F, 18 g KH

Die Bohnen putzen, waschen und in 1 cm lange Stücke schneiden. Das Bohnenkraut waschen. Die Bohnen mit dem Bohnenkraut in kochendem Salzwasser in ca. 8 Min. bissfest blanchieren. In Eiswasser abschrecken und in einem Sieb abtropfen lassen.

Den Kürbis halbieren, die Kerne und Fasern mit einem Löffel entfernen. Die Hälften schälen und in 1 cm große Würfel schneiden. Die Zwiebeln schälen und in feine Würfel schneiden. Die Petersilie waschen und trocken schütteln, die Blätter abzupfen und nach Belieben fein oder grob hacken. Die Kürbiskerne in einer Pfanne leicht rösten, anschließend fein hacken. Die Tomaten in feine Streifen schneiden.

Die Hälfte des Olivenöls in einer großen Pfanne erhitzen. Die Kürbiswürfel mit den Zwiebeln darin bei mittlerer Hitze unter Wenden in ca. 10 Min. gar braten. Mit Salz, Pfeffer und Muskatnuss abschmecken und in eine Schüssel umfüllen. Bohnen, Petersilie, Kürbiskerne und Tomaten untermischen. Die Zitronen halbieren und den Saft auspressen. Den Salat mit Zitronensaft und dem restlichen Olivenöl abschmecken, dann mindestens 20 Min. ziehen lassen. Den Salat lauwarm oder kalt genießen.

BALANCE — TIPP

Als **Vitalverstärker** für diesen Salat kommen Schnittlauch-sprossen infrage. 1 Schale Sprossen (40 g) in einem Sieb abbrausen, abtropfen lassen und darauf verteilen.
Für Nichtveganer bietet sich 40 g körniger Frischkäse pro Person als **saures Extra** dazu an.

KRÄUTERSALAT MIT QUINOA

Gut vorzubereiten

300 g Quinoa

1 Zwiebel

3 Petersilienwurzeln (ca. 300 g)

1 Möhre (ca. 100 g)

1 Stange Lauch (ca. 150 g)

1 kleines Bund glatte Petersilie

1 kleines Bund Minze

1 kleines Bund Koriandergrün

2 EL Rapsöl

Meersalz aus der Mühle

80 ml Walnussöl

1 rote Chilischote

3 Zitronen

bunter Pfeffer aus der Mühle

MITTAGS / ABENDS

4 PERSONEN

1 STD. + 8 STD. EINWEICHEN

PRO PORTION

ca. 535 kcal,

13 g E, 29 g F, 51 g KH

Die Quinoa in einem Sieb kalt abbrausen. In einer Schüssel mit kaltem Wasser bedecken und ca. 8 Std. einweichen, am besten über Nacht.

Zwiebel, Petersilienwurzeln, Möhre, Lauch und die Kräuter gut waschen. Die Gemüse schälen bzw. putzen, dabei die Schalen und vom Lauch die abgeschnittenen Blattteile für einen Gemüsefond in einen Topf geben. Von den Kräutern die Blätter abzupfen und beiseitestellen. Die Kräuterstiele ebenfalls in den Topf geben. 500 ml Wasser hinzufügen, alles aufkochen und zugedeckt 10 Min. köcheln lassen.

Quinoa in einem Sieb gut abtropfen lassen. 1 EL Rapsöl in einem Topf erhitzen und die Quinoa darin leicht anrösten. Den Gemüsefond durch ein Sieb dazugießen. Quinoa salzen, aufkochen und zugedeckt bei schwacher Hitze 15 Min. köcheln. Vom Herd nehmen und 30 Min. ausquellen lassen. 2 EL Walnussöl untermischen.

Inzwischen Chili längs halbieren, entkernen, waschen und fein würfeln. Petersilienwurzel, Möhre, Lauch und Zwiebel ebenfalls fein würfeln. Zitronen halbieren, den Saft auspressen. Restliches Rapsöl in einem Topf erhitzen und die Gemüsewürfel darin kurz bissfest dünsten. Restliches Walnussöl und Zitronensaft untermischen. Mit Salz und Pfeffer abschmecken und auskühlen lassen. Kräuterblätter grob schneiden und unterheben. Salat und Quinoa mischen und auf Tellern anrichten.

BALANCE — TIPP

Als farbenfrohen **Vitalverstärker** können Sie 12 Kapuzinerkresseblüten auf den Tellern verteilen und noch 30 g Walnusskerne daraufstreuen.

SÜSSKARTOFFELSUPPE

Suppenglück zum Sattessen

B   S

16 frische Baby-Maiskolben

1 kg Süßkartoffeln

2 weiße Zwiebeln

50 ml Olivenöl

1 l Gemüsefond

1 TL scharfes geräuchertes
   Paprikapulver

Meersalz aus der Mühle

schwarzer Pfeffer aus der Mühle

frisch geriebene Muskatnuss

1 kleines Bund Basilikum

MITTAGS / ABENDS
4 PERSONEN
40 MIN.
PRO PORTION
ca. 385 kcal,
5 g E, 14 g F, 58 g KH

Maiskolben in kochendem Salzwasser 10 Min. köcheln lassen. Dann bei ausgeschalteter Herdplatte im heißen Wasser warm halten, bis die Suppe zubereitet ist.

Süßkartoffeln schälen und in 2 cm große Stücke schneiden. Zwiebeln schälen und in feine Würfel schneiden. Olivenöl in einem großen Topf erhitzen, die Kartoffelwürfel mit den Zwiebeln darin rundum ca. 2 Min. anschwitzen. Gemüsefond und Paprikapulver hinzufügen. Mit Salz, Pfeffer und Muskat würzen und zugedeckt in ca. 15 Min. weich köcheln lassen.

Inzwischen Basilikum waschen und trocken schütteln, Blätter abzupfen und in feine Streifen schneiden. Die Suppe mit dem Stabmixer fein pürieren, zum Schluss das Basilikum kurz untermixen. Die Suppe in tiefe Teller verteilen. Maiskolben in feine Scheiben schneiden und diese in die Suppe geben.

BALANCE — TIPP

Neben den Maisscheibchen setzt Gartenkresse (1 Kästchen) einen Farbakzent und wirkt zugleich als **Vitalverstärker**.

OKRASCHOTENEINTOPF

Mediterran angehaucht

B   S

400 g Okraschoten

500 g festkochende Kartoffeln

2 rote Zwiebeln | 3 Tomaten

4 EL Olivenöl | 3 EL Tomatenmark

1 l Gemüsefond

1 Msp. gemahlener Kreuzkümmel

2 Lorbeerblätter

Meersalz und Pfeffer aus der Mühle

1 kleines Bund glatte Petersilie

MITTAGS / ABENDS

4 PERSONEN

20 MIN. + 35 MIN. GAREN

PRO PORTION

ca. 215 kcal,

6 g E, 11 g F, 23 g KH

Okraschoten putzen, waschen und schräg in ca. 1 cm große Stücke schneiden. Kartoffeln schälen, waschen und in 1 cm große Würfel schneiden. Zwiebeln schälen und in feine Würfel schneiden. Tomaten waschen, von den Stielansätzen befreien und in 1 cm große Würfel schneiden.

Olivenöl in einem großen Topf erhitzen und die Zwiebelwürfel darin bei mittlerer Hitze anschwitzen, bis sie leicht Farbe bekommen. Tomatenmark kurz mit anschwitzen. Fond, Kreuzkümmel, Lorbeerblätter, Salz und Pfeffer dazugeben. Okraschoten, Kartoffeln und Tomaten unterrühren und alles zugedeckt bei schwacher Hitze ca. 35 Min. köcheln lassen, bis der Eintopf leicht bindet und das Gemüse gar ist.

Petersilie waschen und trocken schütteln. Blätter abzupfen, fein hacken und in den fertigen Eintopf rühren. Nochmals mit Salz und Pfeffer abschmecken, dann auf tiefe Teller verteilen.

KÜRBISEINTOPF MIT AMARANT

B ▬▬▬ S ■

Preiswert Vitamine und Mineralstoffe tanken

1 kleiner Muskat-Kürbis (ca. 1,2 kg)

2 große festkochende Kartoffeln

3 weiße Zwiebeln

1 Bund Suppengrün (Möhre,
   Knollensellerie, Petersilienwurzel
   und Lauch)

4 EL Rapsöl

Meersalz aus der Mühle

schwarzer Pfeffer aus der Mühle

frisch geriebene Muskatnuss

1 kleines Bund Petersilie

1 kleines Bund Schnittlauch

4 EL Kürbiskernöl

4 EL gepuffter Amarant

MITTAGS / ABENDS

4 PERSONEN

30 MIN. + 20 MIN. GAREN

PRO PORTION

ca. 335 kcal,
7 g E, 22 g F, 27 g KH

Den Kürbis halbieren, die Kerne und Fasern mit einem Löffel entfernen. Die Kürbishälften schälen und in 1 cm große Würfel schneiden. Die Kartoffeln schälen, waschen und in 1 cm große Stücke schneiden. Die Zwiebeln schälen und in kleine Würfel schneiden. Das Suppengrün putzen und schälen bzw. waschen. Die Schalen und entfernten Lauchblätter in einem Topf mit 1 l Wasser aufkochen und bei schwacher Hitze ca. 10 Min. köcheln lassen. Inzwischen alle das Suppengrün in 1 cm große Würfel schneiden.

Das Rapsöl in einem großen Topf erhitzen und die Zwiebeln darin bei mittlerer Hitze goldgelb anbraten. Kürbis, Kartoffeln und Suppengrün dazugeben. Den Gemüsefond durch ein Sieb dazugießen und das Gemüse zugedeckt in 15–20 Min. weich köcheln lassen. Den Eintopf mit Salz, Pfeffer und Muskat abschmecken.

Petersilie und Schnittlauch waschen und trocken schütteln. Die Petersilienblätter abzupfen und fein hacken, den Schnittlauch in feine Röllchen schneiden. Kräuter in den fertigen Eintopf rühren. In tiefen Tellern oder Suppenschalen anrichten, mit Kürbiskernöl beträufeln und mit Amarant bestreuen.

BALANCE — TIPP

Falls Sie beim Einkauf Zwiebelsprossen entdecken oder diese selbst ziehen: Die Sprossen machen sich sehr gut als **Vitalverstärker** im Kürbiseintopf. 50 g Zwiebelsprossen abbrausen, abtropfen lassen und auf die Tellerportionen verteilen.

SÜSSKARTOFFELSTAMPF

Enthält verdauungsanregende Bitterstoffe

B   S

25 g Walnusskerne

25 g geschälte Haselnusskerne

25 g Pistazienkerne

25 g Mandeln

4 Süßkartoffeln (ca. 1,2 kg)

4 weiße Zwiebeln

2 Radicchio

1 Zweig Thymian

1 Zweig Rosmarin

5 EL Olivenöl

500 ml Mandeldrink (ungesüßt)

Meersalz aus der Mühle

schwarzer Pfeffer aus der Mühle

4 TL Walnussöl

AUSSERDEM:
Thymian- und Rosmarinzweige zum
    Garnieren (nach Belieben)

MITTAGS / ABENDS
4 PERSONEN
40 MIN.
PRO PORTION
ca. 625 kcal,
11 g E, 35 g F, 66 g KH

Alle Nusskerne und Mandeln in einer Pfanne anrösten, bis sie aromatisch duften. Aus der Pfanne nehmen und fein hacken. Süßkartoffeln schälen und in 2 cm große Stücke schneiden. Zwiebeln schälen und in kleine Würfel schneiden. Radicchio von den äußeren Blättern befreien und achteln – dabei darauf achten, dass der Strunk erhalten bleibt und die Blätter zusammenhält. Rosmarin und Thymian waschen und trocken schütteln, Nadeln bzw. Blätter abzupfen und fein hacken.

In einem Topf 1 EL Olivenöl erhitzen. Kartoffeln und ein Viertel der Zwiebelwürfel darin bei starker Hitze kurz anbraten. Mandeldrink dazugießen, alles aufkochen und die Kartoffeln zugedeckt bei schwacher Hitze in ca. 10 Min. weich köcheln. Flüssigkeit in einen Becher abgießen. Kartoffeln mit einem Kartoffelstampfer noch stückig zerdrücken, dabei nach und nach wieder so viel Flüssigkeit dazugeben, bis der Stampf die gewünschte Konsistenz hat. Mit Salz, Pfeffer und Walnussöl abschmecken und mit dem Schneebesen gut durchrühren.

In einer Pfanne 3 EL Olivenöl erhitzen, restliche Zwiebelwürfel darin anschwitzen. Rosmarin und Thymian kurz mitschwitzen. Zwiebelschmelze mit Salz und Pfeffer abschmecken. Restliches Olivenöl in einer großen Pfanne erhitzen. Radicchio darin bei mittlerer Hitze unter Wenden braten, bis er leicht bräunt und zusammenfällt. Mit Salz würzen. Stampf mittig auf Teller verteilen und mit Nüssen bestreuen. Radicchio darauflegen und mit Zwiebelschmelze überziehen. Nach Belieben mit Rosmarin- und Thymianzweigen garnieren.

BALANCE — TIPP
Als herbstlicher **Vitalverstärker** bietet sich hier 1 Schale Zwiebelsprossen (50 g) an. Die Sprossen in einem Sieb abbrausen und abtropfen lassen.

KARTOFFELPÄCKCHEN

Für Gäste

B   S

1 kg blau-violette Ur-Kartoffeln
   (Trüffelkartoffeln)
2 weiße Zwiebeln
1 kleines Bund Rosmarin
1 rote Chilischote
100 g getrocknete Tomaten
Meersalz aus der Mühle
schwarzer Pfeffer aus der Mühle
abgeriebene Schale von
   2 Bio-Zitronen
4 EL Olivenöl
100 g grüne Oliven (mit Stein)

MITTAGS / ABENDS
4 PERSONEN
30 MIN. + 45 MIN. BACKEN
PRO PORTION
ca. 275 kcal,
5 g E, 13 g F, 31 g KH

Den Backofen auf 175° vorheizen. Vier Bögen Backpapier auf der Arbeitsfläche bereitlegen.

Die Kartoffeln gut waschen und mit Schale in 1 cm dicke Scheiben schneiden. Die Zwiebeln schälen und in ca. 2 cm dicke Spalten schneiden. Den Rosmarin waschen und trocken schütteln, die Nadeln abzupfen und fein hacken. Die Chilischote waschen, vom Stielansatz befreien und mitsamt den Kernen in feine Ringe schneiden. Die Tomaten in feine Streifen schneiden.

Die Kartoffelscheiben in einer Schüssel mit Salz und Pfeffer würzen. Zwiebeln, Rosmarin, Chili und Tomaten mit Zitronenschale, Olivenöl und Oliven unter die Kartoffelscheiben mischen, sodass alle Scheiben dünn von Öl überzogen sind.

Je ein Viertel der Kartoffelmischung mittig auf einen Backpapierbogen setzen. Die Ecken des Backpapierbogens über den Kartoffeln zusammenfassen und mit Küchengarn zubinden. Die Päckchen im Ofen (Mitte) 45 Min. backen. Zum Servieren die Päckchen auf Teller setzen und öffnen. Dazu passt ein knackiger gemischter Salat.

BALANCE —— TIPP

Verteilen Sie 16 Basilikumblätter – nach Belieben in feine Streifen geschnitten – als **Vitalverstärker** auf den Kartoffeln. Geben Sie als **saures Extra** pro Person 60 g Mini-Mozzarellakugeln auf die Päckchen.

OFEN-SÜSSKARTOFFELN

Reich an Vitamin E

B   S

FÜR KARTOFFELN UND SALAT:

4 große Süßkartoffeln
grobes Meersalz
1 grüne Zucchino (ca. 200 g)
1 rote Paprikaschote
1 gelbe Paprikaschote
1 Salatgurke
2 rote Zwiebeln
1 Bund Frühlingszwiebeln
1 Zitrone
50 ml Olivenöl
Meersalz aus der Mühle
schwarzer Pfeffer aus der Mühle
1 kleines Bund Koriandergrün
1 kleines Bund Minze

FÜR DIE GUACAMOLE:

2 reife Avocados (am besten
    Sorte Hass)
1 rote Chilischote
1 Zitrone
2 EL Avocadoöl (ersatzweise Rapsöl)
Meersalz aus der Mühle
schwarzer Pfeffer aus der Mühle

MITTAGS / ABENDS
4 PERSONEN
50 MIN.
PRO PORTION
ca. 810 kcal,
11 g E, 46 g F, 86 g KH

Für die Kartoffeln den Backofen auf 185° vorheizen. Süßkartoffeln gründlich unter fließendem Wasser abbürsten. Jede Kartoffel auf ein Stück Alufolie legen, mit etwas grobem Meersalz bestreuen und fest in die Folie einwickeln. Auf einem Backblech im Ofen (Mitte) in 45 Min. weich backen.

Inzwischen Zucchino putzen und waschen. Paprikas längs halbieren, entkernen und waschen. Gurke waschen. Alle vorbereiteten Gemüse in 1 cm große Würfel schneiden. Zwiebeln schälen und fein würfeln. Frühlingszwiebeln putzen, waschen und in feine Ringe schneiden. Zitrone halbieren und den Saft auspressen. Gemüsewürfel, beide Zwiebelsorten, Zitronensaft und Olivenöl mischen. Mit Salz und Pfeffer würzen. Koriander und Minze waschen und trocken schütteln, Blätter abzupfen. Einige Blätter für die Deko beiseitelegen, Rest fein hacken und unter den Salat mengen.

Für die Guacamole die Avocados halbieren und entkernen, das Fruchtfleisch mit einem Löffel aus der Schale lösen. Chilischote längs halbieren, entkernen, waschen und fein würfeln. Zitrone halbieren, den Saft auspressen. Avocados, Chili, Zitronensaft und Avocadoöl in einem hohen Becher mit dem Stabmixer fein pürieren. Mit Salz und Pfeffer abschmecken. Kartoffeln auswickeln, über Kreuz einschneiden und etwas auseinanderdrücken. Mit Gemüsesalat füllen und mit Guacamole toppen. Mit Minze- und Korianderblättern garnieren.

BALANCE — TIPP

Bestreuen Sie die Ofen-Süßkartoffeln mit 30 g Chia-Samen als **Vitalverstärker**.
Wenn Sie es klassisch mögen, bieten sich 10 g Sour Cream pro Person als **saures Extra** an. Sie bringt nur wenig Säure und ist kombiniert mit den Kartoffeln mittags gut verdaulich.

SCHMOR-KOHLRABI MIT BIRNE

B ———— S

Magnesium- und kalziumreich

4 Kohlrabi (ca. 1 kg)

2 Schalotten

1 Bund Kerbel

40 g Rauchmandeln

50 ml Distelöl

Meersalz aus der Mühle

schwarzer Pfeffer aus der Mühle

frisch geriebene Muskatnuss

1 saftige Birne (z. B. Williams Christ)

MITTAGS / ABENDS

4 PERSONEN

30 MIN.

PRO PORTION

ca. 230 kcal,

6 g E, 18 g F, 10 g KH

Die Kohlrabi putzen, schälen und in ca. 1 cm große Würfel schneiden. Die Schalotten schälen und in feine Würfel schneiden. Den Kerbel waschen und trocken schütteln, einige Stängel für die Deko beiseitelegen. Von den restlichen Stängeln die Blätter abzupfen und fein hacken. Die Mandeln ebenfalls fein hacken.

Das Distelöl in einem Topf erhitzen und Kohlrabi mit Schalotten kurz darin anschwitzen, dann zugedeckt bei schwacher Hitze in ca. 10 Min. gar schmoren. Mandeln und gehackten Kerbel unterziehen. Gemüse mit Salz, Pfeffer und Muskat abschmecken und in Schälchen anrichten.

Die Birne waschen und das Fruchtfleisch mit der Küchenreibe rund um das Kerngehäuse herum grob raspeln. Auf das Kohlrabigemüse verteilen und mit Kerbel garnieren.

BALANCE —— TIPP

Als **Vitalverstärker** 1 Schale Zwiebelsprossen (50 g) abbrausen, abtropfen lassen und auf dem Gemüse verteilen.

GEBRATENE SELLERIEWÜRFEL

B   S

Frisch aus der Pfanne am besten

1 Knolle Sellerie (ca. 500 g)

1 Staudensellerie (ca. 500 g)

500 g Champignons

2 rote Zwiebeln

1 kleines Bund Frühlingszwiebeln

100 ml Rapsöl

1 kleines Bund Estragon

Meersalz aus der Mühle

Pfeffer aus der Mühle

MITTAGS
4 PERSONEN
35 MIN.
PRO PORTION
ca. 300 kcal,
8 g E, 26 g F, 8 g KH

Den Knollensellerie schälen und in 1 cm große Würfel schneiden. Den Staudensellerie putzen und waschen. Die Stangen mit einem Sparschäler dünn abschälen, dann in feine Scheiben schneiden. Die Champignons putzen und je nach Größe halbieren oder vierteln. Die Zwiebeln schälen und in feine Würfel schneiden. Die Frühlingszwiebeln putzen, waschen und in feine Ringe schneiden.

Das Rapsöl in einer großen Pfanne erhitzen. Knollensellerie und Champignons darin bei mittlerer Hitze ca. 2 Min. unter Wenden anbraten. Staudensellerie sowie Zwiebeln hinzufügen und alles bei mittlerer Hitze unter ständigem Rühren in 5–10 Min. gar braten. Den Estragon waschen und trocken schütteln. Blätter abzupfen, fein hacken und mit den Frühlingszwiebelringen unter das Gemüse mischen. Das Gemüse mit Salz und Pfeffer abschmecken.

MANGOLDROULADEN

Ideal für Pfefferfans

B   S

1,5 kg große Blätter Staudenmangold
  (mit Stielen)
4 EL Distelöl
1 Msp. gemahlener Safran
500 ml Gemüsefond
Meersalz aus der Mühle
200 g Belugalinsensprossen
  (selbst gezogen)
4 rote Zwiebeln
1 Zitrone
10 g rosa Pfefferkörner
10 g eingelegte grüne Pfefferkörner
schwarzer Pfeffer aus der Mühle

MITTAGS
4 PERSONEN
30 MIN. + 20 MIN. ERWÄRMEN
PRO PORTION
ca. 180 kcal,
9 g E, 12 g F, 8 g KH

Den Mangold putzen und waschen, die Stiele direkt unterhalb der Blätter abschneiden. Von den Stielen die Fäden abziehen, dann die Stiele in Stifte von ca. 10 cm Länge und 0,5 cm Breite schneiden. 2 EL Distelöl in einer Pfanne erhitzen und die Stifte darin kurz braten. Safran sowie ca. 50 ml Gemüsefond hinzufügen und die Mangoldstifte in ca. 3 Min. bissfest garen. In einem Sieb abtropfen lassen, dabei den Sud auffangen. Anschließend auskühlen lassen. Die Mangoldblätter in kochendem Salzwasser 3 Sek. blanchieren, in Eiswasser abschrecken und abtropfen lassen.

Die Linsensprossen in einem Sieb abbrausen und gut abtropfen lassen. Die Zwiebeln schälen und in feine Würfel schneiden. Die Zitrone halbieren, den Saft auspressen. Restliches Distelöl in der Pfanne erhitzen. Sprossen mit Zwiebeln, Zitronensaft sowie rosa und grünem Pfeffer ca. 2 Min. darin anschwitzen. Mit Salz und Pfeffer abschmecken. Mischung in eine ofenfeste Form (ca. 30 × 20 cm) geben. Aufgefangenen Sud von den Mangoldstiften und restlichen Fond angießen.

Backofen auf 100° vorheizen. Mangoldblätter auf Küchenpapier ausbreiten. Mangoldstifte zu jeweils 2 cm dicken Bündeln zusammenfassen, je ein Bündel in ein Mangoldblatt legen. Blätter seitlich über den Stielbündeln einschlagen und fest zu Rouladen einrollen. Rouladen jeweils mit der Naht nach unten nebeneinander auf das Sprossenbett setzen und im Ofen (Mitte) 20 Min. erwärmen.

BALANCE — TIPP

Mit 40 g Pinienkernen oder 40 g getrockneten Tomaten (in Streifen geschnitten) als **Vitalverstärker** werten Sie das Gericht auch optisch auf. Vor dem Erwärmen daraufstreuen.

PETERSILIENWURZELPÜREE

Auch edel als Vorspeise

FÜR DAS PÜREE:

500 g Petersilienwurzeln

1 weiße Zwiebel

2 EL Rapsöl

300 ml Mandeldrink (ungesüßt)

Meersalz aus der Mühle

schwarzer Pfeffer aus der Mühle

frisch geriebene Muskatnuss

FÜR DIE PILZE:

300 g Champignons

1 weiße Zwiebel

3 EL Rapsöl

1 kleines Bund glatte Petersilie

Meersalz aus der Mühle

schwarzer Pfeffer aus der Mühle

MITTAGS / ABENDS

4 PERSONEN

40 MIN.

PRO PORTION

ca. 180 kcal,

6 g E, 14 g F, 8 g KH

Für das Püree die Petersilienwurzeln putzen, schälen und in ca. 1 cm große Stücke schneiden. Die Zwiebel schälen und in feine Würfel schneiden. Das Rapsöl in einem Topf erhitzen und die Zwiebel darin kurz anschwitzen. Die Petersilienwurzeln und den Mandeldrink hinzufügen. Alles offen in ca. 10 Min. weich köcheln und die Flüssigkeit etwa auf die Hälfte einköcheln lassen.

Inzwischen für die Pilze die Champignons putzen und je nach Größe halbieren oder vierteln. Die Zwiebel schälen und in feine Würfel schneiden. Das Rapsöl in einer Pfanne erhitzen und die Champignons mit der Zwiebel bei mittlerer Hitze darin anbraten und Farbe annehmen lassen. Die Petersilie waschen und trocken schütteln. 4 Stängel für die Deko beiseitelegen. Von den restlichen Stängeln die Blätter abzupfen und fein hacken. Die gehackte Petersilie unter die Pilze mischen und alles mit Salz und Pfeffer abschmecken.

Petersilienwurzeln mit dem Stabmixer fein pürieren. Das Püree mit Salz, Pfeffer und Muskat abschmecken und in Schälchen füllen. Die Pilze darauf verteilen und mit der beiseitegelegten Petersilie garnieren. Sofort servieren.

BALANCE — TIPP

Als **Vitalverstärker** können Sie 12 Kapuzinerkresseblüten oder 40 g in Streifen geschnittene getrocknete Tomaten auf dem Püree verteilen.

AMARANT-KARTOFFEL-TALER

Vegetarischer Eisenlieferant

B   S

FÜR DIE TALER:

1 weiße Zwiebel

150 g Amarant

ca. 60 ml Rapsöl

500 g mehligkochende Pellkartoffeln
  (vom Vortag)

10 g heller Sesam

100 g gepuffter Amarant

4 EL geröstetes Sesamöl

Meersalz aus der Mühle

schwarzer Pfeffer aus der Mühle

FÜR DIE KORIANDERSALSA:

1 Bund Koriandergrün

2 Tomaten

1 Zwiebel

4 Bio-Limetten

50 ml Rapsöl

4 EL Agavendicksaft

Meersalz aus der Mühle

schwarzer Pfeffer aus der Mühle

MITTAGS / ABENDS

4 PERSONEN

1 STD. 25 MIN.

PRO PORTION

ca. 715 kcal,

12 g E, 45 g F, 62 g KH

Für die Taler die Zwiebel schälen und fein würfeln. Den Amarant in einem Sieb gut abbrausen und abtropfen lassen. 2 EL Rapsöl in einem Topf erhitzen und die Zwiebel darin glasig anschwitzen. Den Amarant und 350 ml Wasser hinzufügen und alles zugedeckt bei schwacher Hitze 20 Min. köcheln lassen. Den Amarant vom Herd nehmen und überschüssiges Wasser abgießen, dann den Amarant auskühlen lassen. Inzwischen die Kartoffeln pellen und durch eine Kartoffelpresse in eine Schüssel drücken.

Für die Salsa Koriander waschen und trocken schütteln, Blätter abzupfen und fein schneiden. Tomaten waschen, von den Stielansätzen befreien und 1 cm groß würfeln. Zwiebel schälen und fein würfeln. Limetten waschen und trocken reiben, Schale abreiben und Saft auspressen. Vorbereitete Zutaten mit Rapsöl und Agavendicksaft verrühren. Salsa mit Salz und Pfeffer abschmecken.

Für die Taler Sesam und gepufften Amarant auf einem Teller mischen. Die Kartoffeln mit gekochtem Amarant und Sesamöl verkneten. Die Masse mit Salz sowie Pfeffer abschmecken und mit den Händen zu 1–2 cm dicken Talern von ca. 6 cm Ø formen. Die Taler in der Sesammischung wenden. Das restliche Rapsöl in einer großen Pfanne erhitzen und die Taler darin bei mittlerer Hitze in ca. 10 Min. beidseitig goldbraun braten. Die Taler mit der Salsa servieren.

BALANCE — TIPP

Optimal als **Vitalverstärker**: In Streifen geschnittene Blätter von 1 kleinen Bund Basilikum über die Taler streuen.

ROTER REIS MIT KÜRBIS

Schmeckt auch kalt fantastisch

B ————————— S

250 g roter Reis (ersatzweise
   Naturreis)
1 l Gemüsefond
1 Lorbeerblatt
Meersalz aus der Mühle
schwarzer Pfeffer aus der Mühle
1 Hokkaido-Kürbis (ca. 800 g)
400 g Baby-Blattspinat
2 rote Zwiebeln
50 ml Distelöl

MITTAGS
4 PERSONEN
30 MIN. + 12 STD. EINWEICHEN
+ 45 MIN. GAREN
PRO PORTION
ca. 480 kcal,
12 g E, 16 g F, 77 g KH

Reis waschen, mit frischem kaltem Wasser bedecken und
12 Std. einweichen. Wasser abgießen. Reis mit Gemüsefond und Lorbeerblatt in einem Topf zugedeckt zum Kochen
bringen und bei schwacher Hitze in 45 Min. gar köcheln. Das
Wasser abgießen, den Reis mit Salz und Pfeffer würzen.

Kürbis waschen und halbieren, dabei den Stielansatz abschneiden und Kerne und Fasern mit einem Löffel entfernen.
Fruchtfleisch 1 cm groß würfeln. Spinat verlesen, waschen
und abtropfen lassen. Zwiebeln schälen und fein würfeln.

Das Distelöl in einer großen Pfanne erhitzen und den Kürbis
darin bei mittlerer Hitze rundum leicht braun anbraten.
Zwiebeln hinzufügen und alles 5–10 Min. weiterbraten, bis
der Kürbis weich ist. Spinat hinzufügen und zusammenfallen lassen. Gemüse mit Salz und Pfeffer abschmecken. Reis
unterziehen und im Gemüse erhitzen.

BALANCE — TIPP
Als **Vitalverstärker** passen 30 g geröstete Kürbiskerne dazu.

BUCHWEIZEN MIT STEINPILZEN

B ▮▮▮ S

Super fürs Büro

50 g getrocknete Steinpilze

1 Zwiebel

300 g Buchweizen

1 EL Rapsöl

1 Lorbeerblatt

Meersalz aus der Mühle

schwarzer Pfeffer aus der Mühle

MITTAGS

4 PERSONEN

40 MIN. + 30 MIN. EINWEICHEN

PRO PORTION

ca. 300 kcal,

11 g E, 4 g F, 54 g KH

Die Steinpilze in 600 ml Wasser mindestens 30 Min. einweichen. Die Zwiebel schälen und in feine Würfel schneiden. Den Buchweizen in einem Sieb mit warmem Wasser kurz abbrausen und abtropfen lassen.

Das Rapsöl in einem Topf erhitzen und die Zwiebel darin glasig anschwitzen. Den Buchweizen, die Steinpilze mitsamt dem Einweichwasser und das Lorbeerblatt dazugeben. Alles einmal gut umrühren, dann zugedeckt bei schwacher Hitze ca. 15 Min. köcheln lassen, bis das Wasser aufgesogen und der Buchweizen weich gegart ist. Vom Herd nehmen und 10 Min. ziehen lassen. Mit Salz und Pfeffer abschmecken. Als Garnitur passen Petersilienblätter.

BALANCE — TIPP

Zwiebelsprossen ergeben dazu einen guten **Vitalverstärker**. 40 g abbrausen, abtropfen lassen und daraufgeben.

BASISCHE — WINTERKÜCHE

Mit seinen kurzen, lichtarmen Tagen und den oft eisigen Temperaturen zählt der Winter zu der Jahreszeit, in der wir uns meist nur wenig draußen aufhalten und uns stattdessen lieber drinnen ins kuschelig beheizte Wohnzimmer zurückziehen. Gleichzeitig erfreut sich die Seele an den verführerischen Düften, die in der Advents- und Weihnachtszeit durch die Wohnung ziehen. Vielen Menschen fällt es dann schwer, den zahlreichen üppigen Köstlichkeiten dieser Zeit zu widerstehen. Das leckere, gehaltvolle Essen, mit dem uns die Winterzeit lockt, schlägt sich leider nur zu gerne in Form von Fett auf den Hüften nieder. Doch es geht auch anders: Auch im Winter können Sie sich mit Gerichten aus saisonalen Zutaten rundum wohl in Ihrem Körper fühlen und Ihr Säure-Basen-Gleichgewicht ebenso problemlos aufrechterhalten wie in den anderen Jahreszeiten.

WOCHENMARKT — TIPP

Gemüse: Chicorée, Chinakohl, Endivien, Feldsalat, Grünkohl, Kartoffeln, Kürbis, Möhren, Lauch, Pastinaken, Petersilienwurzeln, Radicchio, Rosenkohl, Rote Bete, Rotkohl, Rüben, Schwarzwurzeln, Süßkartoffeln, Topinambur, Weißkohl, Wirsing, Zwiebeln

Obst / Nüsse: Äpfel, Avocados, Bananen, Birnen, Grapefruits, Haselnüsse, Kiwis, Mandarinen, Orangen, Physalis, Walnüsse, Zitronen

DIE NATUR RUHT

Im Winter ruhen weite Teile der Natur, in ganz besonders kalten Monaten sind viele Pflanzen sogar komplett unter einer Schneedecke versteckt. Die Bäume stellen ihre Aktivitäten wie Wachstum und das Ausbilden von Blättern, Blüten oder Früchten ein und begeben sich erst einmal in eine lange Winterpause. In dieser Zeit leben sie von den Nährstoffen, die sie im Sommer gespeichert haben. Blumen wie Tulpen und Krokusse verblühen und alle Pflanzenteile, die sich über dem Erdboden befinden, sterben ab. Ihre im Sommer gesammelte Energie speichern sie in den unterirdischen Knollen und Blumenzwiebeln, aus denen dann im kommenden Frühling wieder frisches Grün und Blüten wachsen.

STOFFWECHSEL IM WINTERSCHLAF

Auch der menschliche Stoffwechsel ist wie der von den Pflanzen im Winter so träge wie in keiner anderen Jahreszeit. Entsprechend reagiert auch unser Körper: Wenn es draußen kalt wird, stellt sich der Stoffwechsel auf Wärmehaltung ein, das heißt, er vermeidet weitestgehend Aktivitäten, die viel Energie verbrauchen. Das hat zur Folge, dass wir antriebslos werden und schneller als sonst ermüden. Indem wir uns körperlich weniger verausgaben, spart der Körper seine Wärmeenergie und lässt uns so den Winter besser überstehen. Darüber hinaus haben viele Menschen im Winter das Bedürfnis, vermehrt schwere und energiereiche Lebensmittel zu essen. Das liegt daran, dass der Stoffwechsel damit beschäftigt ist, den Körper warm zu halten.

UNTERSTÜTZENDE BASENKÜCHE

Was die Natur so clever für uns als Wärmeregulationsmechanismus eingerichtet hat und viele Jahrtausende überlebenswichtig für unsere Vorfahren war, ist heutzutage nicht unbedingt mehr sinnvoll – denn die meisten Menschen verbringen ihre Zeit in beheizten Räumen. Die Zubereitung der winterlichen Speisen sollte deshalb entsprechend angepasst sein. Um den Körper bei seiner Stoffwechselarbeit jetzt optimal zu unterstützen, sind nun also Lebensmittel und Zubereitungsarten gefragt, die zwar Wärme von innen liefern, aber dennoch nicht schwer im Magen liegen oder sich später in Form von Hüftspeck bemerkbar machen. So versorgen Sie Ihren Körper mit Speicherenergie und halten Säuren und Basen auch im Winter optimal im Gleichgewicht.

BASENREICHE WINTERNAHRUNG

Die gute Nachricht: Auch in der kalten Jahreszeit können Sie sich gesund ernähren, ohne auf Abwechslung und Genuss verzichten zu müssen! Auf Wochenmärkten und in Gemüsegeschäften bekommen Sie jetzt vorwiegend Nahrungsmittel, die sich sehr gut lagern lassen und deshalb auch auf Vorrat eingekauft werden können, etwa Kartoffeln, zahlreiche Kohlarten und Wurzelgemüse wie Möhren, Pastinaken oder Topinambur. Zu leckeren basenreichen Gerichten verarbeitet liefern uns diese Wintergemüsesorten neben vielen gesundheitsfördernden Vitalstoffen durch ihren meist hohen Stärkeanteil auch die jetzt nötige Energie und wirken so angenehm wärmend von innen – und das ganz, ohne die negativen Folgen der sonst eher üblichen Winterkost.

ZEIT FÜR KOHL

 **CHINAKOHL** wird 50–60 cm hoch und kann bis zu 2 kg wiegen. Seine leicht gekrausten Blätter sind gelb-grün bis grün mit weißem Strunk. Auch Kohlmuffel können sich für Chinakohl erwärmen, denn die zarten und strunkfreien Blätter schmecken dezent und angenehm frisch. Er eignet sich gut für asiatische Gerichte.

 **ROTKOHL** ist im Unterschied zum Weißkohl kleiner und fester. Seine Blätter sind kräftig, wachsartig und zu einem festen Kopf geschlossen. Geschmacklich weicht er stark von anderen Kohlsorten ab, im Vergleich mit Weißkohl schmeckt er eher süßlich. Er kommt sehr gut roh geraspelt im Salat zur Geltung.

 **MICRO KALE** ist die kleine Version von rotem oder grünem Kale (Grünkohl). In den frischen, jungen, knackigen Blättchen sind die Vitamine und Mineralstoffe noch konzentrierter enthalten. Geschmacklich ist er milder als ausgewachsener Grünkohl. Ob roh, mariniert oder gedünstet – die Einsatzmöglichkeiten dieser Neuheit in der kreativen Küche sind groß.

 **SPITZKOHL** besitzt zarte, große Blätter von bläulich-grüner Färbung und hat einen kegeligen, lockeren Wuchs. Der Geschmack von Spitzkohl ist mild und sehr viel dezenter mit weniger Schärfe als der von Weißkohl – er erinnert leicht an Nüsse, Blumenkohl und Wirsing. Die zarten Blätter des Spitzkohls lassen sich hervorragend roh zu Salat verarbeiten.

140 g

Grünkohl und 1 Orange täglich reichen einem Erwachsenen aus, um seinen Folsäurebedarf zu decken.

ROTKOHL erhält seine violette Farbe von Anthozyanen. Diese sekundären Pflanzenstoffe machen den Kohl nicht nur optisch zum Hingucker, sondern auch sehr gesund. Denn sie wirken im menschlichen Körper als Antioxidantien und helfen als solche dabei, freie Radikale abzuwehren und unsere Zellen jung zu halten. Alle Kohlsorten liefern zudem viel Vitamin K, das für eine bessere Blutgerinnung sorgt und die Knochen stärkt.

VITAMIN- UND MINERALSTOFFREICHE WINTERSTARS

Alle Kohlsorten sind Vitamin-C-Bomben und enthalten deshalb und wegen ihrer robusten Struktur auch nach dem Garen noch jede Menge von dem Immunschutzvitamin. Ebenfalls reichlich vorhanden sind die Vitamine A, B, E und K sowie die Mineralstoffe bzw. Spurenelemente Kalium, Magnesium, Kalzium, Phosphor und Eisen. Für eine gesunde Verdauung sorgen viele Ballaststoffe, die zugleich eine gesunde Darmflora fördern. Fast alle Kohlsorten wirken zudem blutbildend und entwässernd.

BROKKOLI IN KURKUMASUD

Verdauungsfördernd gewürzt

B   S

1 Zitrone

2 rote Zwiebeln

Meersalz aus der Mühle

1 Brokkoli (ca. 400 g)

1 Bund Frühlingszwiebeln

1 rote Chilischote

200 g Baby-Blattspinat

200 g Kicherbsensprossen

50 ml Rapsöl

1 l Gemüsefond

1 gehäufter EL gemahlene Kurkuma

1 Msp. gemahlener Kreuzkümmel

3 TL Agavendicksaft

1 TL geröstetes Sesamöl

schwarzer Pfeffer aus der Mühle

1 Bund Koriandergrün

MITTAGS

4 PERSONEN

40 MIN.

PRO PORTION

ca. 245 kcal,

8 g E, 16 g F, 16 g KH

Die Zitrone halbieren und den Saft auspressen. Die Zwiebeln schälen und in feine Streifen schneiden. In kochendem Salzwasser 10 Sek. blanchieren, in einem Sieb kalt abschrecken und abtropfen lassen. Dann mit dem Zitronensaft vermischen. Den Brokkoli putzen, waschen und in kleine Röschen teilen. Den Brokkolistiel schälen und in kleine Würfel schneiden. Die Frühlingszwiebeln putzen, waschen und in feine Ringe schneiden. Die Chilischote längs halbieren, entkernen, waschen und ebenfalls in feine Ringe schneiden. Den Spinat verlesen, waschen und abtropfen lassen. Sprossen in einem Sieb abbrausen und abtropfen lassen.

Das Rapsöl in einem Topf erhitzen. Zwiebeln, Brokkolistielwürfel, Frühlingzwiebeln und Chilischote bei mittlerer Hitze kurz darin anschwitzen. Die Brokkoliröschen dazugeben und kurz mit anschwitzen. Dann Spinat und Kichererbsensprossen hinzufügen und ebenfalls kurz mit anschwitzen. Den Gemüsefond angießen. Kurkuma, Kreuzkümmel, Agavendicksaft und Sesamöl unterrühren. Das Gemüse mit Salz und Pfeffer würzen und zugedeckt bei schwacher Hitze in ca. 5 Min. bissfest köcheln lassen.

Inzwischen den Koriander waschen und trocken schütteln. Die Blätter abzupfen, fein schneiden und unter das gegarte Gemüse mischen. Nochmals mit Salz und Pfeffer abschmecken und auf Teller verteilen.

BALANCE — TIPP

Als **Vitalverstärker** streuen Sie 20 g dunklen Sesam und 20 g in einer Pfanne geröstete Bockshornkleesamen auf das gegarte Gemüse.

Braten Sie als **saures Extra** pro Person 60 g Räuchertofu an und mischen Sie diesen in kleine Würfel geschnitten unter.

FEINES KARTOFFELGULASCH

Preiswerter Sattmacher

1 kg große festkochende Kartoffeln

1 große rote Paprikaschote

1 große gelbe Paprikaschote

3 Zwiebeln

1 rote Chilischote

1 Bund Frühlingszwiebeln

1 Bund Majoran

50 ml Olivenöl

1 gestrichener TL Kümmelsamen

1 EL Tomatenmark

1 TL edelsüßes Paprikapulver

1 l Gemüsefond

abgeriebene Schale von 1 Bio-Zitrone

Meersalz aus der Mühle

schwarzer Pfeffer aus der Mühle

250 g Micro Kale (ersatzweise Rosen-
kohlblätter)

MITTAGS

4 PERSONEN

45 MIN.

PRO PORTION

ca. 325 kcal,
10 g E, 14 g F, 40 g KH

Kartoffeln schälen, waschen, in 3 cm große Rauten schneiden und in kaltes Wasser legen. Paprikaschoten längs halbieren, entkernen, waschen und ebenfalls in Rauten schneiden. Zwiebeln schälen und fein würfeln. Chilischote längs halbieren, entkernen und in feine Ringe schneiden. Frühlingszwiebeln putzen, waschen und fein würfeln. Majoran waschen und trocken schütteln, Blätter abzupfen und fein hacken.

Kartoffeln in ein Sieb abgießen. Die Hälfte des Olivenöls in einem Topf erhitzen und Kümmel darin bei starker Hitze anbraten, bis er aufplatzt. Zwiebeln, Chilischote und Paprikarauten hinzufügen und bei mittlerer Hitze rundum anbraten und Farbe annehmen lassen. Kartoffeln dazugeben und kurz mitbraten. Tomatenmark mit anschwitzen. Paprikapulver und 500 ml Gemüsefond angießen, alles unter Rühren einmal aufkochen. Die Frühlingszwiebeln, die Hälfte des Majorans sowie die Zitronenschale dazugeben. Gemüse mit Salz und Pfeffer abschmecken und in ca. 10 Min. weich köcheln, dabei nach und nach den restlichen Gemüsefond hinzufügen.

Inzwischen Micro Kale putzen, waschen und in kochendem Salzwasser maximal 1 Min. blanchieren. In einem Sieb kurz abtropfen lassen. Restliches Olivenöl in einer Pfanne erhitzen, Micro Kale kurz darin wenden. Mit Salz und Pfeffer abschmecken. Kartoffelgulasch in tiefen Tellern anrichten, Micro Kale darauf verteilen. Mit dem restlichen Majoran garnieren.

BALANCE — TIPP

Als **Vitalverstärker** die Blättchen von 1 Kästchen Gartenkresse abschneiden und das Kartoffelgulasch damit bestreuen. Als feines **saures Extra** passen hier 20 g Crème fraîche pro Person als Topping.

CHINAKOHLROLLEN MIT PILZEN

B   S

Mildes Kohl-Leichtgewicht

2 Köpfe Chinakohl (ca. 1 kg)

30 g Ingwer

1 TL Chiliflocken

Meersalz aus der Mühle

300 g Shiitake (Pilze)

2 rote Zwiebeln

300 g Mungobohnensprossen

2 Stängel Zitronengras

1 Bund Frühlingszwiebeln

1 Bund Koriandergrün

1 Bund Thai-Basilikum

50 ml Rapsöl

100 ml Sojasauce

4 EL Agavendicksaft

2 TL geröstetes Sesamöl

schwarzer Pfeffer aus der Mühle

MITTAGS
4 PERSONEN
40 MIN. + 3 STD. MARINIEREN
PRO PORTION
ca. 295 kcal,
11 g E, 16 g F, 25 g KH

Vom Chinakohl 12 große Außenblätter ablösen, waschen und trocken tupfen. Vom Ingwer die Hälfte schälen, fein reiben und mit Chili sowie etwas Salz mischen. Kohlblätter mit der Ingwermischung einreiben und mindestens 3 Std. marinieren.

Restlichen Kohl in feine Streifen schneiden, dabei den harten Strunk entfernen. Shiitake putzen, Stiele abschneiden. Pilzhüte in feine Scheiben schneiden. Zwiebeln schälen und fein würfeln. Sprossen in einem Sieb abbrausen und abtropfen lassen. Restlichen Ingwer schälen und fein reiben. Zitronengras putzen, waschen und nur das zarte Innere fein hacken. Frühlingszwiebeln putzen, waschen und in feine Ringe schneiden. Koriander und Basilikum waschen und trocken schütteln, Blätter abzupfen und fein hacken.

Rapsöl in einer Pfanne erhitzen und Pilze mit Zwiebeln darin bei starker Hitze rundum kräftig anbraten. Chinakohlstreifen und Sprossen kurz mitschwitzen. Ingwer, Zitronengras und Sojasauce unterrühren und alles offen 2–3 Min. köcheln. Agavendicksaft, Sesamöl, Frühlingszwiebeln, Koriander und Basilikum unterrühren. Mit Salz und Pfeffer abschmecken.

Backofen auf 185° vorheizen. Kohlblätter auf der Arbeitsfläche ausbreiten, das Gemüse mittig darauf verteilen. Blätter seitlich über der Füllung einschlagen und von einer nicht eingeschlagenen Seite her aufrollen. Rouladen in eine ofenfeste Form legen und im Ofen 5 Min. erwärmen.

BALANCE — TIPP

Zum Servieren 40 g Cashewkerne in einer Pfanne goldgelb anrösten und als **Vitalverstärker** auf die Rouladen streuen. Als **saures Extra** passen 60 g Soja-Quarkalternative pro Person sehr gut dazu.

SPITZKOHLWOK MIT ANANAS

B   S

Asiatisch inspiriert

FÜR DIE CURRYSAUCE:

15 g Ingwer

40 g Galgant

1 l Kokosmilch

500 ml Gemüsefond

4 EL gelbe Thai-Currypaste
  (z. B. aus dem Asia- oder Bioladen)

100 ml Sojasauce

FÜR DIE GEMÜSEMISCHUNG:

1 Spitzkohl (ca. 500 g)

1 kleiner Staudensellerie (ca. 300 g)

1 Ananas

2 rote Zwiebeln

3 EL Rapsöl

1 Bund Frühlingszwiebeln

1 Bund Koriandergrün

2 TL geröstetes Sesamöl

MITTAGS
4 PERSONEN
45 MIN.
PRO PORTION
ca. 800 kcal,
17 g E, 62 g F, 39 g KH

Für die Currysauce Ingwer sowie Galgant schälen und fein reiben. Kokosmilch und Gemüsefond in einem Topf aufkochen. Currypaste unter Rühren darin auflösen. Ingwer und Galgant dazugeben und die Flüssigkeit bei mittlerer Hitze auf die Hälfte einköcheln lassen. Sojasauce unterrühren.

Während die Sauce köchelt, für das Gemüse vom Spitzkohl die äußeren Blätter entfernen. Kohl vierteln, vom Strunk befreien und in feine Streifen schneiden. Sellerie putzen, die Stangen mit einem Sparschäler dünn abschälen und in feine Scheiben schneiden. Ananas schälen, vierteln und den harten Strunk herausschneiden. Fruchtfleisch in 2 cm große Würfel schneiden. Zwiebeln schälen und in feine Streifen schneiden.

Rapsöl in einer Wokpfanne erhitzen. Nach und nach Spitzkohl, Sellerie und Ananas bei starker Hitze kurz darin anbraten, die gebratenen Zutaten jeweils an den Rand des Woks schieben. Zum Schluss die Zwiebeln hinzufügen und alles zusammen unter Rühren noch ca. 1 Min. weiterbraten. Mit Currysauce übergießen und offen 15 Min. köcheln lassen.

Inzwischen Frühlingszwiebeln putzen, waschen und in feine Ringe schneiden. Koriander waschen und trocken schütteln. Blätter abzupfen, fein schneiden und mit den Frühlingszwiebeln mischen. Sesamöl und Koriandermischung unter das gegarte Gemüse rühren.

BALANCE — TIPP

Den letzten asiatischen Feinschliff erhält die Wokpfanne mit 40 g Cashewkernen als **Vitalverstärker**.

Vegan, leicht säurebildend und trotzdem mineralienreich sind 40 g gekochter Wildreis pro Person als **saures Extra**.

SAISONHELD

KOHL

BLUMENKOHLGRÖSTEL

Schnelle Familienmahlzeit

B   S

1 Blumenkohl (ca. 800 g)

2 Süßkartoffeln (ca. 500 g)

2 Äpfel

2 rote Zwiebeln

1 Bund Frühlingszwiebeln

50 ml Rapsöl

100 ml Gemüsefond

50 ml Walnussöl

1 kleines Bund glatte Petersilie

Meersalz aus der Mühle

schwarzer Pfeffer aus der Mühle

1 Msp. frisch geriebene Muskatnuss

40 g Walnusskerne

MITTAGS

4 PERSONEN

35 MIN.

PRO PORTION

ca. 530 kcal,

9 g E, 33 g F, 50 g KH

Den Blumenkohl putzen, waschen und in kleine Röschen teilen. Die Röschen längs in feine Scheiben schneiden. Die Süßkartoffeln schälen und in 1 cm große Würfel schneiden. Die Äpfel schälen und in 1 cm große Würfel schneiden, dabei jeweils das Kerngehäuse herausschneiden. Die Zwiebeln schälen und in feine Streifen schneiden. Die Frühlingszwiebeln putzen, waschen und in feine Ringe schneiden.

Das Rapsöl in einer großen beschichteten Pfanne erhitzen. Blumenkohl und Süßkartoffeln darin unter Wenden bei mittlerer Hitze in ca. 10 Min. goldbraun und gar braten. Gemüsefond, Äpfel, Zwiebeln, Frühlingszwiebeln und Walnussöl hinzufügen und alles unter vorsichtigem Wenden ca. 5 Min. weitergaren, bis die Zutaten heiß und gut vermischt sind.

Inzwischen die Petersilie waschen und trocken schütteln, die Blätter abzupfen und fein hacken. Das Gröstel mit Salz, Pfeffer und Muskatnuss abschmecken. Die Walnusskerne in grobe Stücke brechen und mit der Petersilie untermischen.

BALANCE — TIPP

Gartenkresse ist hier der optimale **Vitalverstärker**. Schneiden Sie die Blättchen von 1 Kästchen ab und streuen Sie diese dann auf das fertige Gericht. Kresse können Sie übrigens auch problemlos selbst ziehen: entweder in einem speziellen Keimgerät oder aber auf einem Teller, der mit Küchenpapier ausgelegt ist. Die Samen einmal täglich wässern oder mit Wasser besprühen, dann können Sie bald ernten!

FRÜHSTÜCK IM WINTER

Die Winterkälte setzt unserem Körper zu und das Immunsystem ist nun anfälliger für Krankheitserreger. Um den Organismus auch in dieser Jahreszeit mit der nötigen Stabilität und Stärke zu wappnen, verlangt er nach wärmenden und energiereichen Gerichten. Darauf ist auch unsere Verdauungskraft ausgelegt, die in den Wintermonaten stärker ist als in den übrigen Monaten.

BASENBILDNER SIND GUTE VITALSTOFFLIEFERANTEN

Ideal ist es jetzt, den Tag mit einem wärmenden Basenfrühstück zu beginnen. Dieses versorgt uns ganz nebenbei mit der nötigen Portion Vitalstoffe, die wir zur Stärkung unserer Abwehrkräfte benötigen. Schon ein simpler warmer Frühstücksbrei oder ein kräftig gewürzter Smoothie wärmt Magen und Seele und schafft die Basis für einen energiegeladenen Tag.

QUINOA-PORRIDGE MIT LEINSAMEN

4 EL Quinoa (ca. 50 g) | 100 ml Mandeldrink (ungesüßt; ersatzweise Wasser) | 1 Banane | ½ Apfel | 2 getrocknete Feigen | 1 TL geschrotete Leinsamen

1 PERSON | 20 MIN.
Pro Portion ca. 465 kcal,
12 g E, 6 g F, 86 g KH

Die Quinoa in einem Sieb mit Wasser abbrausen. Den Mandeldrink in einem Topf zum Kochen bringen, die Quinoa hineingeben und zugedeckt in ca. 10 Min. weich köcheln.

Inzwischen die Banane schälen und mit einer Gabel zerdrücken. Den Apfel waschen und mit der Küchenreibe bis auf das Kerngehäuse fein reiben. Die Feigen klein schneiden. Früchte mit Leinsamen unter das Porridge mengen, dabei nach Belieben etwas für die Deko übrig lassen.

Quinoa-Porridge in einem Schälchen anrichten, mit übrig gelassenen Zutaten dekorieren und sofort genießen.

WINTERGEWÜRZE-SMOOTHIE

B   S

2 Bananen | 2 Birnen | 1 Stück Ingwer
(2 cm lang; für Kinder evtl. weglas-
sen) | 10 Mandarinen | ½ TL gemahlener
Kardamom (ersatzweise Lebkuchen-
gewürz) | Mark von 1 Vanilleschote |
2 EL weißes Mandelmus (aus dem
Bioladen)

2 PERSONEN | 15 MIN.
Pro Portion ca. 350 kcal,
6 g E, 13 g F, 52 g KH

Bananen schälen und in grobe Stücke
schneiden. Birnen waschen und vierteln, die Kerngehäuse herausschneiden.
Ingwer schälen und in kleine Stücke
schneiden. Mandarinen halbieren und
den Saft auspressen.

Bananen-, Birnen- und Ingwerstücke
mit Mandarinensaft, Kardamom, Vanillemark und Mandelmus im Mixer auf
höchster Stufe möglichst fein pürieren.
300 ml heißes Wasser dazugeben und
alles nochmals kurz durchmixen.

Den Wintergewürze-Smoothie in Gläser
verteilen und sofort servieren.

BIRNEN-APFEL-CRUMBLE

B   S

½ Zitrone | 1 Apfel | 1 Birne | 2 EL Gra-
natapfelkerne | ¼ TL Zimtpulver |
3 EL Agavendicksaft | 3 EL Mandelmehl |
2 TL Kokosmehl | 3 EL weiches Kokosöl |
½ TL abgeriebene Bio-Zitronenschale |
weiches Kokosöl für die Förmchen

2 PERSONEN | 25 MIN.
Pro Portion ca. 365 kcal,
13 g E, 24 g F, 24 g KH

Backofen auf 175° vorheizen. Zwei runde
Auflaufförmchen (à 11 cm Ø) mit Kokosöl
fetten. Den Saft der Zitrone auspressen. Apfel und Birne waschen, vierteln,
entkernen und klein schneiden. Mit
Granatapfelkernen, Zimt, 1 EL Agavendicksaft und Zitronensaft mischen. In
die Förmchen füllen.

Mandel- und Kokosmehl mit restlichem
Agavendicksaft, Kokosöl und Zitronenschale zu Streuseln vermischen. Streu-
sel auf der Fruchtmischung verteilen.

Crumble im Ofen (Mitte) in ca. 25 Min.
leicht braun backen. Dazu passt eine
Sauce aus Mandeldrink und -mus.

CHICORÉE-RADICCHIO-SALAT

Gesunde bitter-süße Kombi

FÜR DAS DRESSING:

16 getrocknete Pflaumen

16 getrocknete Aprikosen

4 getrocknete Apfelringe

1 Bio-Orange

3 Zitronen

20 g Rosinen

100 ml Gemüsefond

5 EL Agavendicksaft

Meersalz aus der Mühle

schwarzer Pfeffer aus der Mühle

FÜR DIE SALATMISCHUNG:

40 g Kürbiskerne

Meersalz aus der Mühle

4 Chicorée

2 Radicchio

1 Bund Minze

2 EL Kürbiskernöl

MITTAGS
4 PERSONEN
40 MIN. + 30 MIN. ZIEHEN
PRO PORTION
ca. 420 kcal,
9 g E, 11 g F, 67 g KH

Für das Dressing Pflaumen, Aprikosen und Apfelringe in 1 cm große Stücke schneiden. Die Orange waschen und trocken reiben, die Schale abreiben und den Saft auspressen. Die Zitronen halbieren und den Saft auspressen. Geschnittene Trockenfrüchte, Rosinen, Orangenschale und -saft, Zitronensaft, Gemüsefond und Agavendicksaft in einer Schüssel vermischen und mindestens 30 Min. ziehen lassen. Die Mischung mit Salz und Pfeffer abschmecken.

Für die Salatmischung die Kürbiskerne mit etwas Salz in einer Pfanne rösten und abkühlen lassen. Den Chicorée putzen und waschen, die Stauden längs halbieren und in feine Halbringe schneiden. Vom Radicchio die äußeren Blätter entfernen und den Strunk herausschneiden. Den Radicchio in die einzelnen Blätter teilen und diese halbieren. Die Minze waschen und trocken schütteln, die Blätter abzupfen und nach Belieben grob oder fein schneiden.

Den Chicorée unter das Dressing mischen. Die Radicchioblätter auf Tellern anrichten und den Chicoréesalat daraufgeben. Mit dem Kürbiskernöl beträufeln und mit Kürbiskernen sowie Minze bestreuen.

BALANCE — TIPP

Für einen fruchtigen **Vitalverstärker** 24 Orangenfilets auf den Salaten verteilen. Dazu 3–4 Orangen so großzügig schälen, dass auch die weiße Innenhaut mit entfernt wird, und die Fruchtfilets mit einem scharfen Messer zwischen den Trennhäuten herausschneiden.

Ein leckeres **saures Extra** verleihen Sie dem Salat mit 40 g körnigem Frischkäse pro Person.

GRÜNER TOPINAMBURSALAT

Ballaststoffreiche Vitaminbombe

FÜR DIE SALATMISCHUNG:

400 g Zuckerschoten

Meersalz aus der Mühle

400 g Topinambur (z. B. aus
    dem Bioladen)

4 TL Sonnenblumenöl

40 g Sonnenblumenkerne

1 Bund Frühlingszwiebeln

100 g getrocknete Tomaten

FÜR DAS DRESSING:

2 Zitronen

1 Bund Kerbel

1 Bund Estragon

80 ml Sonnenblumenöl

3 EL Agavendicksaft

80 ml Gemüsefond

Meersalz aus der Mühle

schwarzer Pfeffer aus der Mühle

ABENDS

4 PERSONEN

1 STD.

PRO PORTION

ca. 460 kcal,

8 g E, 38 g F, 19 g KH

Für die Salatmischung die Zuckerschoten putzen, waschen und schräg in 3 cm große Rauten schneiden. In kochendem Salzwasser 2 Min. blanchieren, in ein Sieb abgießen, in Eiswasser abschrecken und abtropfen lassen. Die Topinambur schälen und in 1 cm große Würfel schneiden. Das Sonnenblumenöl in einer Pfanne erhitzen und die Topinamburwürfel darin bei mittlerer Hitze rundum 5–10 Min. anbraten, bis sie gar sind und leicht Farbe bekommen. Inzwischen die Sonnenblumenkerne in einer zweiten Pfanne ohne Fett rösten und abkühlen lassen. Die Frühlingszwiebeln putzen, waschen und in feine Ringe schneiden. Die Tomaten in feine Streifen schneiden. Topinambur aus der Pfanne nehmen und abkühlen lassen.

Für das Dressing die Zitronen halbieren und den Saft auspressen. Kerbel und Estragon waschen und trocken schütteln, die Blätter abzupfen. Einige Blätter für die Garnitur beiseitelegen. Die restlichen Kräuterblätter grob schneiden und mit Sonnenblumenöl, Zitronensaft, Agavendicksaft und Gemüsefond im Mixer fein pürieren. Das Dressing mit Salz und Pfeffer abschmecken.

Die Zuckerschoten in einer Schüssel vorsichtig mit Topinambur, Frühlingszwiebeln und Tomaten mischen. Das Dressing darübergeben und vorsichtig unterziehen. Den Salat auf tiefen Tellern anrichten und mit den gerösteten Sonnenblumenkernen bestreuen. Mit übrigem Kerbel und Estragon garnieren.

BALANCE — TIPP

Vitalverstärker, Farbtupfer und Würzekick in einem: Insgesamt 10 g rosa Pfefferkörner auf den Salattellern verteilen. Wer über den Tag verteilt noch nicht zu viele Säurebildner gegessen hat, kann als **saures Extra** noch 40 g Kräuterquark pro Person mit dem Salat anrichten.

FENCHELSALAT MIT OLIVEN

Für die sizilianischen Momente im Leben

B   S

FÜR DIE SALATMISCHUNG:

4 Knollen Fenchel

2 rote Zwiebeln

24 grüne Oliven (mit Stein)

1 Bund Oregano

4 Orangen (am besten Blutorangen)

40 g gehobelte geschälte Mandeln

FÜR DAS DRESSING:

4 Orangen (am besten
   Blutorangen)

3 Zitronen

100 ml Olivenöl

4 EL Agavendicksaft

Meersalz aus der Mühle

schwarzer Pfeffer aus der Mühle

MITTAGS
4 PERSONEN
35 MIN.
PRO PORTION
ca. 575 kcal,
7 g E, 42 g F, 42 g KH

Für die Salatmischung den Fenchel putzen und waschen, das Fenchelgrün abschneiden und für die Garnitur beiseitelegen. Die Knollen (evtl. mit einem Sparschäler dünn schälen) halbieren, den harten Strunk herausschneiden. Dann die Hälften mit dem Gemüsehobel in feine Streifen hobeln. Die Zwiebeln schälen. ½ Zwiebel für die Garnitur in Ringe schneiden, den Rest in feine Streifen schneiden. Die Oliven halbieren, dabei die Steine entfernen. Den Oregano waschen und trocken schütteln, die Blätter abzupfen. Die Orangen so schälen, dass auch die weiße Haut mit entfernt wird, und in etwa 5 mm dicke Scheiben schneiden. Die Mandeln in einer Pfanne rösten und abkühlen lassen.

Für das Dressing Orangen sowie Zitronen halbieren und den Saft auspressen. Beide Säfte mit Olivenöl und Agavendicksaft in einem hohen Rührbecher mit dem Stabmixer oder im Mixer zu einem sämigen Dressing verquirlen. Das Dressing mit Salz und Pfeffer abschmecken.

Fenchel, Oliven, Oregano und Zwiebelstreifen in einer Schüssel vermischen. Das Dressing darübergeben und vorsichtig unterziehen. Die Orangenscheiben kreisförmig auf einem Teller platzieren, den Fenchelsalat mittig darauf anrichten und mit gerösteten Mandeln bestreuen. Mit Zwiebelringen und Fenchelgrün garnieren.

BALANCE — TIPP

Süße Rosinen harmonieren als **Vitalverstärker** geschmacklich wunderbar mit dem Salat. Verteilen Sie insgesamt 40 g davon auf den Salaten.
Eine herzhafte eiweißreiche Variante aus Italien und **saures Extra** sind 40 g Scamorza pro Person, den Sie in kleinen Streifen auf den Salat geben.

ROTKOHLSALAT MIT ORANGE

Reich an Vitamin C

1 Rotkohl (ca. 1,5 kg)

Meersalz aus der Mühle

1 rote Zwiebel

4 Orangen

2 Bio-Zitronen

5 EL Agavendicksaft

1 Msp. Zimtpulver

1 Msp. gemahlene Nelken

50 ml Distelöl

80 g Rosinen

schwarzer Pfeffer aus der Mühle

2 säuerliche Äpfel (z. B. Elstar)

1 EL Sonnenblumenöl

16 Maronen (gekocht, geschält
   und vakuumverpackt)

MITTAGS
4 PERSONEN
45 MIN. + 2 STD. ZIEHEN
PRO PORTION
ca. 445 kcal,
8 g E, 17 g F, 64 g KH

Vom Rotkohl die äußeren Blätter entfernen. Den Kohlkopf vierteln und den harten Strunk herausschneiden. Die Viertel mit dem Gemüsehobel in feine Streifen schneiden. Die Kohlstreifen leicht salzen und 30 Min. ziehen lassen.

Inzwischen Zwiebel schälen und in feine Streifen schneiden. Orangen so großzügig schälen, dass auch die weiße Haut mit entfernt wird. Fruchtfilets zwischen den Trennhäuten herausschneiden, den dabei austretenden Saft auffangen und Orangenreste ausdrücken. Orangenfilets zugedeckt beiseitestellen. Zitronen waschen und trocken reiben. Von 1 Zitrone die Schale abreiben, den Saft beider Zitronen auspressen.

Ganzen Orangensaft, Zitronensaft und -schale, Agavendicksaft, Zimt und Nelken zum Rotkohl geben und alles mit den Händen mindestens 5 Min. kräftig durchkneten. Distelöl, Rosinen und Zwiebel untermischen. Salat mit Salz sowie Pfeffer abschmecken und mindestens 2 Std. durchziehen lassen.

Äpfel waschen und mit der Gemüsereibe bis auf das Kerngehäuse grob raspeln. Sonnenblumenöl in einer Pfanne erhitzen und die Maronen mit etwas Salz darin rundum goldgelb anbraten. Den Salat auf Tellern anrichten und mit Orangenfilets und Äpfeln garnieren. Maronen daraufgeben.

BALANCE — TIPP

Verteilen Sie als kernige winterliche **Vitalverstärker** 80 g Granatapfelkerne und 30 g Walnusskerne auf den Salatportionen. Mineralstoffreiches **saures Extra**: Mit 2 TL gepufftem Amarant pro Person bringen Sie nur ganz wenig Säure ins Spiel.

SCHWARZWURZELPÜREE

Reich an Ballaststoffen

B   S

2 mehligkochende Kartoffeln

1 Zitrone

600 g Schwarzwurzeln

1 weiße Zwiebel

1 große Stange Lauch

2 TL Rapsöl

500 ml Mandeldrink (ungesüßt)

Meersalz aus der Mühle

schwarzer Pfeffer aus der Mühle

frisch geriebene Muskatnuss

1 EL weißes Trüffelöl

40 g Alfalfasprossen

MITTAGS / ABENDS

4 PERSONEN

40 MIN.

PRO PORTION

ca. 125 kcal,

4 g E, 7 g F, 10 g KH

Kartoffeln schälen, waschen und in 1 cm große Stücke schneiden. Zitrone halbieren, Saft auspressen. Schwarzwurzeln unter fließendem Wasser abbürsten, schälen, in 1 cm dicke Scheiben schneiden und mit Zitronensaft beträufeln. Zwiebel schälen und in feine Würfel schneiden. Lauch putzen, waschen und in feine Ringe schneiden.

In einem Topf 1 TL Rapsöl erhitzen. Hälfte der Zwiebel kurz darin anschwitzen. Kartoffeln und Schwarzwurzeln dazugeben, Mandeldrink angießen. Gemüse offen bei mittlerer Hitze in ca. 10 Min. weich köcheln und die Flüssigkeit etwa auf die Hälfte einköcheln lassen. Gemüse in der Flüssigkeit mit dem Stabmixer fein pürieren. Püree mit Salz, Pfeffer, Muskat und Trüffelöl abschmecken. In kleine Gläser (à ca. 100 ml) füllen.

Alfalfasprossen in einem Sieb abbrausen und abtropfen lassen. Restliches Rapsöl in einer Pfanne erhitzen. Restliche Zwiebel und Lauch kurz darin anschwitzen und etwas Farbe annehmen lassen. Mit Salz, Pfeffer und Muskatnuss abschmecken und auf dem Schwarzwurzelpüree platzieren. Sprossen als Garnitur daraufgeben.

PASTINAKENHUMMUS

Viel Kalzium aus Sesam

B   S

600 g Pastinaken
2 weiße Zwiebeln
100 ml Olivenöl
2 Zitronen
250 g Tahini (Sesammus)
gemahlener Kreuzkümmel
Meersalz aus der Mühle
schwarzer Pfeffer aus der Mühle
100 g Kichererbsensprossen

MITTAGS / ABENDS
4 PERSONEN
40 MIN.
PRO PORTION
ca. 720 kcal,
13 g E, 63 g F, 18 g KH

Pastinaken putzen, waschen, schälen und in 1 cm dicke Scheiben schneiden. Schalen mit 300 ml Wasser in einem Topf einmal aufkochen und zugedeckt bei schwacher Hitze 10 Min. ziehen lassen. Durch ein Sieb passieren, dabei den Fond auffangen. Zwiebeln schälen und fein würfeln.

Die Hälfte des Olivenöls in einem Topf erhitzen, Zwiebeln kurz darin anschwitzen. Pastinaken mit aufgefangenem Fond hinzufügen, offen bei mittlerer Hitze weich köcheln und die Flüssigkeit etwa auf die Hälfte einköcheln lassen. Zitronen halbieren, Saft auspressen. Pastinaken mit Zitronensaft, Tahini und 1 Msp. Kreuzkümmel im Mixer sämig pürieren. Mit Salz und Pfeffer abschmecken.

Kurz vor dem Servieren Sprossen in kochendem Wasser ca. 5 Min. blanchieren. Abschrecken und abtropfen lassen. Hummus in Schälchen füllen. Restliches Olivenöl, Sprossen und etwas Kreuzkümmel daraufgeben.

WURZELGEMÜSESUPPE

Lässt sich gut vorbereiten

B   S

FÜR DIE SUPPE:

1 Bund Suppengrün (Lauch, Möhre,
    Knollensellerie, Petersilienwurzel)
500 g mehligkochende Kartoffeln
1 Zwiebel
2 EL Distelöl
Meersalz aus der Mühle
bunter Pfeffer aus der Mühle
frisch geriebene Muskatnuss

FÜR DAS PESTO:

100 g geschälte Mandeln
1 kleines Bund Liebstöckel
1 kleines Bund glatte Petersilie
1 Frühlingszwiebel
abgeriebene Schale von 1 Bio-Zitrone
100 ml Distelöl
Meersalz aus der Mühle
bunter Pfeffer aus der Mühle

MITTAGS / ABENDS
4 PERSONEN
45 MIN.
PRO PORTION
ca. 515 kcal,
9 g E, 44 g F, 20 g KH

Für die Suppe das Suppengrün putzen und waschen bzw. schälen. Die Schalen und entfernten Lauchblätter in einem Topf mit 500 ml Wasser aufkochen und zugedeckt 10 Min. köcheln lassen. Inzwischen die Kartoffeln schälen, waschen und in 1–2 cm große Stücke schneiden. Das Suppengrün ebenfalls in 1–2 cm große Stücke schneiden. Die Zwiebel schälen und in feine Würfel schneiden.

Gemüsefond durch ein Sieb passieren. Das Distelöl in einem großen Topf erhitzen. Kartoffeln mit Suppengrün und Zwiebel bei mittlerer Hitze darin anbraten und leicht Farbe annehmen lassen. Gemüsefond angießen und das Gemüse zugedeckt bei schwacher Hitze in ca. 10 Min. weich köcheln.

Inzwischen für das Pesto Mandeln in einer Pfanne goldgelb rösten und abkühlen lassen. Liebstöckel und Petersilie waschen und trocken schleudern, Blätter abzupfen und klein schneiden. Frühlingszwiebel putzen, waschen und in feine Ringe schneiden. Vorbereitete Zutaten mit Zitronenschale und Distelöl im Mixer fein pürieren. Das Pesto mit Salz und Pfeffer abschmecken.

Die Suppe mit dem Stabmixer pürieren, bis sie leicht bindet, aber noch Gemüsestücke enthält. Mit Salz, Pfeffer und wenig Muskat abschmecken. Suppe in tiefe Teller verteilen und das Pesto darüberträufeln.

BALANCE — TIPP

Zum Abrunden können Sie 40 g Schnittlauch waschen, in Röllchen schneiden und als **Vitalverstärker** daraufstreuen. Das nussige Distelöl ist reich an gesundheitlich wertvoller Linolsäure und den fettlöslichen Vitaminen A und K.

BUTTERRÜBENEINTOPF

Nussig im Geschmack

B   S

100 g Buchweizen

2 große Butterrüben (ca. 500 g)

3 weiße Zwiebeln

1 kleines Bund Frühlingszwiebeln

1 kleines Bund glatte Petersilie

50 g getrocknete Tomaten

50 ml Sonnenblumenöl

1 l Gemüsefond

1 Lorbeerblatt

Meersalz aus der Mühle

schwarzer Pfeffer aus der Mühle

frisch geriebene Muskatnuss

MITTAGS / ABENDS

4 PERSONEN

40 MIN.

PRO PORTION

ca. 290 kcal,

6 g E, 15 g F, 32 g KH

Den Buchweizen in einem Topf mit 200 ml Wasser aufkochen, dann zugedeckt bei schwacher Hitze in 15 Min. weich köcheln lassen.

Inzwischen die Butterrüben putzen, schälen und in 1 cm große Würfel schneiden. Die Zwiebeln schälen und in feine Würfel schneiden. Die Frühlingszwiebeln putzen, waschen und in feine Ringe schneiden. Die Petersilie waschen und trocken schütteln, die Blätter abzupfen und fein hacken. Die Tomaten in feine Streifen schneiden.

Das Sonnenblumenöl in einem großen Topf erhitzen und die Zwiebeln darin bei mittlerer Hitze goldbraun anbraten. Butterrübenwürfel, Gemüsefond und Lorbeerblatt dazugeben und alles zugedeckt bei schwacher Hitze in ca. 10 Min. gar köcheln lassen.

Frühlingszwiebeln, Petersilie und Tomaten unterrühren. Zum Schluss den gekochten Buchweizen unterheben. Den Eintopf mit Salz, Pfeffer und Muskatnuss abschmecken. Zum Servieren in Capuccino- oder Suppentassen verteilen.

BALANCE — TIPP

Rösten Sie als **Vitalverstärker** 30 g Sonnenblumenkerne in einer Pfanne goldgelb an und bestreuen Sie den Eintopf abschließend damit.

Als **saures Extra** geben Sie 10 g gehobelten Parmesan pro Person auf den Eintopf. Dadurch wird das Gericht nur wenig saurer, aber deutlich herzhafter.

WIRSINGBLÄTTER AUF QUINOA

Enthält viel hochwertiges Eiweiß

FÜR DIE QUINOA:

250 g Quinoa

ca. 550 ml Gemüsefond

250 g Champignons

1 Zwiebel

2 EL Traubenkernöl

Meersalz aus der Mühle

schwarzer Pfeffer aus der Mühle

FÜR DAS GEMÜSE:

1 Wirsing (ca. 800 g)

Meersalz aus der Mühle

1 Bund Suppengrün (Lauch, Möhre,
    Knollensellerie, Petersilienwurzel,
    Petersilie)

1 Zwiebel

200 g Räuchertofu

2 TL Traubenkernöl

schwarzer Pfeffer aus der Mühle

MITTAGS
4 PERSONEN
50 MIN.
PRO PORTION
ca. 445 kcal,
25 g E, 17 g F, 48 g KH

Für die Quinoa die Körner in einer Pfanne trocken rösten, bis sie leicht nussig duften. Mit 500 ml Gemüsefond ablöschen und zugedeckt bei schwacher Hitze 15 Min. köcheln lassen. Vom Herd nehmen und 20 Min. ausquellen lassen.

Inzwischen für das Gemüse vom Wirsing die äußeren Blätter entfernen. Wirsing vierteln, vom Strunk befreien und mundgerecht schneiden. In reichlich kochendem Salzwasser 2 Min. blanchieren, in Eiswasser abschrecken und abtropfen lassen. Suppengrün putzen und waschen bzw. schälen. Lauch, Möhre, Sellerie und Petersilienwurzel in feine Würfel schneiden, die Petersilie fein hacken (Putzreste können für das Ansetzen eines Gemüsefonds verwendet werden!). Zwiebel schälen und fein würfeln, Tofu mundgerecht würfeln. Traubenkernöl in einer Pfanne erhitzen und die Suppengrünwürfel mit der Zwiebel leicht darin anbraten. Wirsing hinzufügen und schwenken, bis er leicht Farbe angenommen hat. Tofu und Petersilie untermischen. Gemüse mit Salz und Pfeffer abschmecken.

Für die Quinoa die Champignons putzen und in feine Scheiben schneiden. Die Zwiebel schälen und fein würfeln. Das Traubenkernöl in einer Pfanne erhitzen, Pilze und Zwiebel darin bei starker Hitze rundum braun braten. Mit ca. 50 ml Gemüsefond ablöschen, Quinoa untermischen. Mit Salz und Pfeffer abschmecken. Quinoa und Gemüse zusammen auf Tellern anrichten.

BALANCE — TIPP

Als Pseudogetreide ist Quinoa glutenfrei und gut verträglich. Die Körner liefern neben Eiweiß auch jede Menge komplexe Kohlenhydrate sowie viel Zink, Kalium und Folsäure.
On top passt als **Vitalverstärker** 1 Schale Rote-Bete-Sprossen (50 g). Die Sprossen abbrausen und abtropfen lassen.

GEBRATENE TOPINAMBUR

Steht fix auf dem Tisch

B   S

1 kg Topinambur (z. B. aus
   dem Bioladen)
1 große Stange Lauch
2 rote Zwiebeln
50 ml Sonnenblumenöl
Meersalz aus der Mühle
schwarzer Pfeffer aus der Mühle
frisch geriebene Muskatnuss
40 g Sonnenblumenkerne
200 ml Gemüsefond

MITTAGS / ABENDS
4 PERSONEN
30 MIN.
PRO PORTION
ca. 245 kcal,
8 g E, 18 g F, 12 g KH

Die Topinambur schälen und in 1 cm große Würfel schneiden.
Den Lauch putzen, waschen und in feine Ringe schneiden.
Die Zwiebeln schälen und in feine Streifen schneiden.

Das Sonnenblumenöl in einer Pfanne erhitzen und die Topinamburwürfel darin bei mittlerer Hitze rundum leicht braun anbraten. Mit Salz, Pfeffer und Muskatnuss abschmecken.

Zwiebeln, Lauch und Sonnenblumenkerne hinzufügen und kurz mitbraten. Etwas Gemüsefond angießen und alles ca. 5 Min. garen, bei Bedarf noch etwas Gemüsefond dazugießen. Nochmals mit Salz, Pfeffer und Muskat abschmecken und auf Tellern anrichten. Dazu passt Blattsalat.

BALANCE —— TIPP

Als **Vitalverstärker** 100 g Rucola verlesen, waschen und trocken schleudern. Die Topinambur damit anrichten.
Das passende **saure Extra** sind 40 g Schafskäse (Feta) pro Person. Den Käse am Ende der Garzeit in Würfeln zufügen.

AUSTERNPILZE MIT GEMÜSE

Reich an B-Vitaminen und Folsäure

B   S

2 Bund Suppengrün (Lauch, Möhre,
    Knollensellerie, Petersilienwurzel)
2 rote Zwiebeln | 2 EL Walnussöl
Meersalz aus der Mühle
schwarzer Pfeffer aus der Mühle
1 Zweig Thymian | 1 Zweig Rosmarin
1 kg Austernpilze | 50 ml Rapsöl
1 Bund Schnittlauch

MITTAGS / ABENDS
4 PERSONEN
35 MIN.
PRO PORTION
ca. 260 kcal,
9 g E, 22 g F, 7 g KH

Backofen auf 185° vorheizen. Ein Backblech mit Backpapier belegen. Suppengrün putzen, waschen bzw. schälen und in 1 cm große Würfel bzw. den Lauch in Ringe schneiden. Zwiebeln schälen und in grobe Spalten schneiden. Zwiebeln und Suppengrün bis auf den Lauch auf dem Backpapier gut mit dem Walnussöl vermengen und mit Salz und Pfeffer würzen. Im Ofen (Mitte) 10 Min. garen. Lauch hinzufügen und alles in ca. 10 Min. leicht braun fertig garen.

Inzwischen Thymian und Rosmarin waschen und trocken schütteln. Austernpilze putzen, dabei die Stiele abschneiden. Rapsöl in einer großen Pfanne erhitzen, Pilze darin mit Rosmarin- und Thymianzweig bei mittlerer bis starker Hitze in ca. 10 Min. rundum braun braten. Schnittlauch waschen, trocken schütteln und in feine Ringe schneiden. Pilze blütenförmig auf einem Teller anrichten. Das Gemüse aus dem Ofen daraufgeben und alles mit Schnittlauch bestreuen.

MARINIERTE CHAMPIGNONS

Ideal fürs Antipastibüfett

B   S

1 kg Champignons
1 Knolle Fenchel
1 rote Zwiebel
3 Bio-Zitronen
1 Zweig Rosmarin
1 Zweig Thymian
20 schwarze Pfefferkörner
2 Lorbeerblätter
Meersalz aus der Mühle
100 g getrocknete Tomaten
1 kleines Bund glatte Petersilie
100 ml Olivenöl
schwarzer Pfeffer aus der Mühle

MITTAGS
4 PERSONEN
30 MIN. + 25 MIN. GAREN
PRO PORTION
ca. 315 kcal,
8 g E, 28 g F, 4 g KH

Die Champignons putzen. Den Fenchel putzen und waschen, die Knollen halbieren und den harten Strunk herausschneiden. Dann die Hälften mit dem Gemüsehobel fein schneiden. Die Zwiebel schälen und in feine Streifen schneiden. 1 Zitrone waschen und trocken reiben, die Schale abreiben. Alle Zitronen halbieren und den Saft auspressen. Rosmarin und Thymian waschen.

In einem großen Topf 3 l Wasser mit Zitronensaft, Pfefferkörnern, Lorbeerblättern, Rosmarin, Thymian und etwas Salz zum Kochen bringen. Die Champignons im Sud zugedeckt bei schwacher Hitze 10 Min. kochen, dann bei abgeschalteter Herdplatte 10 Min. ziehen lassen. Zwiebel und Fenchel dazugeben und alles noch ca. 5 Min. ziehen lassen.

Die Tomaten in feine Streifen schneiden. Die Petersilie waschen und trocken schütteln, die Blätter abzupfen und fein hacken. Das gegarte Gemüse in ein Sieb abgießen (Sud kann aufgefangen und anderweitig als Gemüsefond verwendet werden). Mit Tomaten, Zitronenschale, Petersilie und Olivenöl vermengen. Mit Salz und Pfeffer abschmecken. Die marinierten Champignons auf einer Servierplatte anrichten.

BALANCE — TIPP

Was könnte zu diesem italienisch inspirierten Antipasto ein besserer **Vitalverstärker** sein als Oliven? Verteilen Sie 24 grüne Oliven auf dem angerichteten Gemüse.
Auch als **saures Extra** darf es ein Italiener sein: 40 g Provolone pro Person sind perfekt. Den würzigen halbfesten Schnittkäse einfach darüberhobeln.

CHIA-LEINSAMEN-KNÄCKE

Eiweißreicher Bürosnack

B　　　　　　S

125 g Leinsamen

125 g Chia-Samen

50 g heller Sesam

Meersalz aus der Mühle

1 kleines Bund Schnittlauch

1 kleines Bund glatte Petersilie

1 kleines Bund Dill

400 g Soja-Quarkalternative

Gomasio (Sesamsalz; z. B. aus dem
  Asia- oder Bioladen)

schwarzer Pfeffer aus der Mühle

MITTAGS / ABENDS

6 PERSONEN

15 MIN. + 1 STD. QUELLEN

+ 15 MIN. BACKEN

PRO PORTION

ca. 270 kcal,

16 g E, 20 g F, 4 g KH

Leinsamen und Chia-Samen zusammen in 500 ml Wasser 1 Std. quellen lassen. Die Mischung mit dem Sesam und etwas Salz mit den Händen gut verkneten.

Backofen auf 200° vorheizen, ein Backblech mit Backpapier belegen. Chia-Masse auf dem Backpapier verstreichen, mit einem Bogen Backpapier belegen und mit dem Nudelholz dünn auswalzen. Im Ofen (Mitte) in ca. 15 Min. knusprig backen. Aus dem Ofen nehmen und auf dem Blech auskühlen lassen. In Rechtecke schneiden oder in Stücke brechen.

Für den Quark Schnittlauch, Petersilie und Dill waschen und trocken schütteln. Schnittlauch in feine Röllchen schneiden, von Petersilie und Dill die Blätter abzupfen und fein schneiden. Quarkalternative mit den Kräutern verrühren und mit Gomasio und Pfeffer abschmecken. Mit dem Brot servieren.

BALANCE — TIPP

Verteilen Sie als **Vitalverstärker** 100 g Mungobohnensprossen (ca. 10 Sek. blanchieren) auf den Broten mit Dip.

AMARANT-POWERRIEGEL

Für den Vorrat

4 Bio-Orangen | 2 Bio-Zitronen
250 g Trockenfrüchte (je 50 g Datteln,
   Feigen, Aprikosen, Pflaumen und
   Rosinen)
50 g Erdmandelflocken
50 g Sonnenblumenkerne
200 g gepuffter Amarant
100 g Agavendicksaft
1 TL Zimtpulver | Meersalz

MORGENS / NACHMITTAGS
4 PERSONEN
20 MIN. + 2 STD. 15 MIN. ZIE-
HEN / BACKEN / KÜHLEN
PRO PORTION
ca. 615 kcal,
14 g E, 14 g F, 102 g KH

Orangen und Zitronen waschen und trocken reiben, die Schale abreiben und den Saft auspressen. Trockenfrüchte bis auf die Rosinen in 1 cm große Stücke schneiden. Alle Trockenfrüchte mit Zitrussäften und -schale in einer Schüssel vermischen und zugedeckt 30 Min. ziehen lassen.

Backofen auf 100° vorheizen, ein Backblech mit Backpapier belegen. Erdmandelflocken, Sonnenblumenkerne und Amarant unter die Fruchtmischung mengen. Die Masse mit Agavendicksaft, Zimt sowie 1 Prise Salz abschmecken und ca. 3 cm dick auf dem Backpapier glatt verstreichen.

Platte im Ofen (Mitte) 45 Min. backen. Auf dem Blech abkühlen lassen. Dann mindestens 1 Std. kalt stellen, bis die Riegelplatte schnittfest ist. In Riegel nach Belieben schneiden. Die Powerriegel sind in einer luftdicht schließenden Dose bis zu 1 Monat haltbar.

ARABISCHER OBSTSALAT

Winterlicher Vitaminschlag

B   S

1 Ananas

2 Kakis

3 Orangen

1 Granatapfel

12 Datteln

1 Bio-Zitrone

1 Vanilleschote

1 Bund Minze

1 Msp. Zimtpulver

4 EL Agavendicksaft

1 Kokosnuss

16 Physalis (Kapstachelbeeren)

MORGENS / MITTAGS

4 PERSONEN

35 MIN.

PRO PORTION

ca. 420 kcal,

4 g E, 10 g F, 73 g KH

Ananas schälen, vierteln und den Strunk herausschneiden. Fruchtfleisch in 2 cm große Würfel schneiden. Kakis schälen, von den Stielansätzen befreien und 2 cm groß würfeln. Orangen so großzügig schälen, dass auch die weiße Haut mit entfernt wird. Fruchtfilets zwischen den Trennhäuten herausschneiden, dabei den austretenden Saft auffangen und Orangenreste gut ausdrücken. Granatapfel halbieren und die Kerne herauslösen. Datteln aufschneiden, entsteinen und in kleine Stücke schneiden. Zitrone waschen und trocken reiben, Schale abreiben und Saft auspressen. Vanilleschote längs aufschneiden und das Mark herauskratzen. Minze waschen und trocken schütteln, Blätter abzupfen. Einige Blättchen für die Deko beiseitelegen, den Rest in feine Streifen schneiden.

Alle vorbereiteten Zutaten inklusive dem aufgefangenen Orangensaft mit Zimt und Agavendicksaft in einer Schüssel vermischen. Den Obstsalat in Schälchen verteilen. Die Kokosnuss an den Augen mit einem Korkenzieher anbohren, das Kokoswasser in ein Glas laufen lassen. Mehrfach mit einem Hammer rundum auf die Nussschale klopfen, bis diese aufspringt. Das Kokosfleisch mit einem stumpfen Messer herauslösen. Etwa ein Drittel davon mit der Gemüsereibe fein reiben und als kleine Nester auf den Obstsalat setzen, dann mit dem Sparschäler ein paar Kokosspäne abziehen und ebenfalls auf den Salat geben (übriges Kokosfleisch kühl aufbewahren und z. B. als Snack mit ins Büro nehmen). Von den Physalis die Hüllblätter nach außen klappen. Den Obstsalat mit den Physalis garnieren.

BALANCE —— TIPP

Ein hübscher grüner Farbtupfer und harmonischer **Vitalverstärker** sind 30 g gehackte Pistazien, die Sie auf die Obstsalatportionen verteilen.

SAISONALE MENÜVORSCHLÄGE

Mit unseren Genussrezepten in Säure-Basen-Balance ist es ganz leicht, auch Gäste zu verwöhnen. Für alle, die keine Lust auf Menüplanung haben oder die sich unsicher sind, welche Gerichte gut harmonieren, haben wir für jede Jahreszeit ein Menü zusammengestellt. Und wenn Sie einmal eine größere Gästeschar versorgen müssen: Mit den Rezepten für unser Verwöhnbüfett sind Sie hierfür bestens gewappnet. Nur zubereiten müssen Sie das Ganze noch selbst!

FRÜHLING

SOMMER

HERBST

WINTER

VERWÖHNBÜFETT

BÜCHER, DIE WEITERHELFEN

GRÄFE UND UNZER VERLAG

Wacker, Sabine; Wacker, Dr. med. Andreas: **300 Fragen zur Säure-Basen-Balance**

Kraske, Dr. med. Eva-Maria: **Säure-Basen-Balance**

Vormann, Prof. Dr. Jürgen; Wiedemann, Karola: **Säure-Basen-Kochbuch**

Guth, Christian, Hickisch, Burkhard: **Grüne Smoothies**

Lützner, Dr. med. Hellmut: **Wie neugeboren durch Fasten**

Heepen, Günther H.: **Schüßler-Salze: das Basisbuch**

Just, Nicole: **La Veganista**

Dahlke, Rüdger: **Vegan für Einsteiger**

Trökes, Anna: **Yoga. Mehr Energie und Ruhe (mit CD)**

Bimbi-Dresp, Michaela: **Pilates (mit DVD)**

ANDERE VERLAGE

Wacker, Sabine. Trias Verlag:
Basenfasten für Eilige: Das 7-Tage-Erfolgsprogramm
Natürlich entgiften mit Schüßler-Salzen, Basenfasten und Co.
Basenfasten – Das große Kochbuch
Meine basische Küche
Basenfasten all' italiano
Basenfasten auf asiatisch
Basenfasten – Richtig einkaufen

Wacker Sabine; Wacker, Dr. med. Andreas. Trias Verlag:
Basenfasten – Die Wacker-Methode®

Basenfasten – Das Gesundheitserlebnis

Wacker Sabine; Fassott, Sascha. Trias Verlag: **Basenfasten deluxe. Das Kochbuch**

Walker, Norman, Goldmann Verlag: **Frische Frucht- und Gemüsesäfte**

Bräutigam, Gabriele Leonie. Hans-Nietsch-Verlag: **Wilde grüne Smoothies**

Kingston, Karen. Rowohlt Taschenbuch Verlag: **Feng Shui gegen das Gerümpel des Alltags**

ADRESSEN, DIE WEITERHELFEN

Deutscher Olympischer Sportbund

Otto-Fleck-Schneise 12
D-60528, Frankfurt am Main, www.dosb.de

Basenfasten, basenfasten Hotels und basenfasten Akademie Sabine Wacker und Matteo Wacker

Rheingoldplatz 3, 68199 Mannheim, www.basenfasten.de

Österreichische Gesellschaft für Ernährung

Spargelfeldstr. 191, A-1220 Wien, www.oege.at

Österreichischer Fachverband für Turnen

Schwarzenbergplatz 10, A-1040 Wien, www.austriangymfed.at

Schweizerische Gesellschaft für Ernährung

Schwarztorstr. 87, CH-3001 Bern, www.sge-ssn.ch

Schweizerischer Turnverband

Bahnhofstr. 38, CH-5001 Aarau, www.stv-fsg.ch

INTERNET-LINKS

www.basenfasten.reisen

Infos über von Wacker zertifizierte basenfasten Hotels, die basenfasten original nach Sabine Wacker anbieten

www.basenfasten.de

Die Methode basenfasten wurde 1997 von Sabine Wacker entwickelt. Originalausbildung zum basenfasten Berater finden Sie auf ihrer Webseite.

www.bcht.de

Verzeichnis von Therapeuten für Colon-Hydro-Therapie

www.weizengras.de

Infos über Weizengras

BEZUGSQUELLEN

www.basenfasten.de/shop

Im Wacker® Shop gibt es das basenfasten Starter-Paket mit Sabine Wackers Lieblingen und dem Wichtigsten, was Sie für eine erfolgreiche basenfasten Kur benötigen. Zudem finden Sie hier viele Lebensmittel rund um den basischen Alltag, z. B. die Wacker® Bio-Erdmandelflocken, Nüsse, Trockenobst und Basenkräuter-Tee in Bioqualität, aber auch Küchenhelfer, z. B. das Thermos-Speisegefäß fürs Büro, den Lurch Spiralschneider für Gemüsespaghetti, Bücher von Sabine Wacker und vieles mehr.

www.oekokiste.de

Regionaler Lieferservice für ökologisches Obst und Gemüse

www.wmf.de

Vitalis Dampfgarer für schonendes Garen

REZEPTREGISTER

BULLRICH

„Meine Empfehlung für einen ausgeglichenen Säure-Basen-Haushalt!"

PRODUKTTEST
82 %
Weiterempfehlung
101 Teilnehmer,
Juli–August 2016

Bullrich Basentabletten für mehr Wohlbefinden – mit pH-Teststreifen für den Selbsttest:

✔ Eine eiweißlastige Ernährung und Alltagsstress können dazu führen, dass der Säure-Basen-Haushalt aus dem Gleichgewicht kommt und man sich unwohl fühlt

✔ Ein ausgeglichener Säure-Basen-Haushalt ist ein wichtiger Faktor für das allgemeine Wohlbefinden

✔ Bullrich Basentabletten enthalten spezielle basische Mineralstoffe und Zink, das zu einem ausgeglichenen Säure- Basen- Haushalt beiträgt

Mehr Informationen zum
Säure-Basen-Haushalt:

www.bullrich.de

Mit Bullrich geht's mir gut.

IMPRESSUM

© 2017 GRÄFE UND UNZER VERLAG GmbH, München

Alle Rechte vorbehalten. Nachdruck, auch auszugsweise, sowie Verbreitung durch Bild, Funk, Fernsehen und Internet, durch fotomechanische Wiedergabe, Tonträger und Datenverarbeitungssysteme jeder Art nur mit schriftlicher Genehmigung des Verlages.

Projektleitung: Silvia Herzog

Lektorat: Karin Kerber

Bildredaktion: Nele Schneidewind

Korrektorat: Christian Wolf

Umschlaggestaltung und Layout: kral&kral design, München

Herstellung: Petra Roth

Satz: griesbeckdesign, München

Reproduktion: Medienprinzen GmbH, München

Druck: Firmengruppe APPL, aprinta druck, Wemding

Bindung: Conzella, Pfarrkirchen

Printed in Germany

ISBN 978-3-8338-6148-2

1. Auflage 2017

Die GU-Homepage finden Sie unter www.gu.de

DAS FOTOTEAM

Das **Eising Studio** zählt zu den international führenden Studios im Bereich der Food-Fotografie. Hier entstehen hochwertige Produktionen für Verlage, Agenturen und Industriekunden. Das Team bei diesem Buch: Martina Görlach (Foto) sowie Michael Koch (Foodstyling).

BILDNACHWEIS

GU: S. 9 (Nicky Walsh), 14 (Mona Binner); Istockphoto: S. 20/21, 60/61, 102/103, 144/145; Mat Kovacic (Illus): S. 23, 63, 105, 147; Privat: S. 5; Shutterstock: S. 12; alle anderen Fotos: EISING STUDIO

TITELREZEPT

Quinoataler (S. 98) und Brunnenkresse mit Beeren (S. 76)

Syndication: www.seasons.agency

WICHTIGER HINWEIS

Die Gedanken, Methoden und Anregungen in diesem Buch stellen die Meinung bzw. Erfahrung der Verfasser dar. Sie wurden von den Autoren nach bestem Wissen erstellt und mit größtmöglicher Sorgfalt geprüft. Sie bieten jedoch keinen Ersatz für persönlichen kompetenten medizinischen Rat. Jede Leserin, jeder Leser ist für das eigene Tun und Lassen auch weiterhin selbst verantwortlich. Weder Autoren noch Verlag können für eventuelle Nachteile oder Schäden, die aus den im Buch gegebenen praktischen Hinweisen resultieren, eine Haftung übernehmen.

UMWELTHINWEIS

Dieses Buch wurde auf PEFC-zertifiziertem Papier aus nachhaltiger Waldwirtschaft gedruckt.

BACKOFENHINWEIS

Die Backzeiten können je nach Herd variieren. Die Temperaturangaben in unseren Rezepten beziehen sich auf das Backen im Elektroherd mit Ober- und Unterhitze und können bei Gasherden oder Backen mit Umluft abweichen. Details entnehmen Sie Ihrer Gebrauchsanweisung.

DIE AUTOREN

Sabine Wacker hat nach ihrer Ausbildung zur Apothekenhelferin und pharmazeutisch-technischen Assistentin Medizin studiert (1. Staatsexamen). Seit 1994 praktiziert sie als Heilpraktikerin in Mannheim, hält Vorträge, gibt unter anderem auch für Apotheker und Ärzte Seminare und Schulungen zu den Themen Ernährung, Basenfasten und Schüßlersalze. 1996 hat sie die Erfolgsmethode »basenfasten – die Wacker-Methode®« entwickelt und 2014 mit ihrem Sohn Matteo Wacker

Liebe Leserin, lieber Leser,

haben wir Ihre Erwartungen erfüllt? Sind Sie mit diesem Buch zufrieden? Haben Sie weitere Fragen zu diesem Thema? Wir freuen uns auf Ihre Rückmeldung, auf Lob, Kritik und Anregungen, damit wir für Sie immer besser werden können.

GRÄFE UND UNZER Verlag
Leserservice
Postfach 86 03 13
81630 München
E-Mail:
leserservice@graefe-und-unzer.de

Telefon: 00800 / 72 37 33 33*
Telefax: 00800 / 50 12 05 44*
Mo–Do: 9.00 – 17.00 Uhr
Fr: 9.00 – 16.00 Uhr
(gebührenfrei in D, A, CH)*

Ihr GRÄFE UND UNZER Verlag
Der erste Ratgeberverlag – seit 1722.

das basenfasten Hotelkonzept mit inzwischen über 25 zertifizierten basenfasten Hotels ins Leben gerufen. Sie hat bereits zahlreiche Bücher zu Basenfasten und Naturheilkunde veröffentlicht. Ihr großes Anliegen ist es, Menschen dabei zu helfen, Ihre Ernährungs- und Lebensweise zu verbessern.

Sascha Fassott ist ausgebildeter Küchenmeister – seit 1997 Küchenchef in 4- und 5-Sternehotels – und einer der basenfasten Köche, die in nach Wacker zertifizierten basenfasten Hotels ausbilden. Mit Sabine Wacker hat er schon das Kochbuch »Basenfasten deluxe« verfasst und entwickelt ständig basische und basenreiche Genussrezepte. Mit seiner Frau und seinen zwei Kindern lebt er in der Pfalz.

www.facebook.com/gu.verlag

GRÄFE UND UNZER

Ein Unternehmen der
GANSKE VERLAGSGRUPPE